Manuela Oetinger
Die Aura im täglichen Leben 1

Manuela Oetinger

DIE AURA
im täglichen Leben 1

Wie Gedankenformen und Energiefelder
den Alltag bestimmen

Aquamarin Verlag

2. Auflage 2004
© Aquamarin Verlag
Voglherd 1 • D-85567 Grafing

Umschlaggestaltung: Annette Wagner

ISBN 3-89427-250-3
Druck: Ebner & Spiegel • Ulm

INHALT

I. Sein und Bewusstsein 7

II. Der eigene Lebensplan 21

III. Meditation 33

IV. Die Macht der Worte 55

V. Die Auswirkungen von Energiefeldern im Alltag 73

VI. Einstimmung vor dem Schlaf 101

VII. Kleidung 113

VIII. Rauchen 133

IX. Ernährungsfragen 145

I. SEIN UND BEWUSSTSEIN

Wir leben in einer Zeit großer Veränderungen, die sich nicht nur in der sichtbaren, materiellen Welt mit ihren großartigen Entdeckungen und ständigen Veränderungen, sondern auch in den feinstofflichen, geistigen Ebenen zeigen.

Selbst die Zeit scheint für den Menschen schneller zu vergehen. Was heute noch aktuell war, ist morgen schon überholt.

Viele Menschen haben zur Zeit das Empfinden, dass die Tage, Wochen und Monate viel schneller vorüber eilen, als dies noch vor einigen Jahren der Fall war, als würden sich die Ereignisse in den vielen alltäglichen Erlebnissen und den Eindrücken neuer Informationen überschlagen. Kaum hat man sich mit neuen Errungenschaften der Technik vertraut gemacht, sind sie fast schon wieder überholt. Kaum sind bestimmte Gefühlsmuster im persönlichen Erlebnisfeld verarbeitet worden, da zeigt sich schon die nächste Herausforderung. Dieses Gefühl des schnelleren Zeitablaufes wird von den sich tatsächlich dichter und schneller vollziehenden energetischen Prozessen ausgelöst, welche sich in der Außenwelt sowie in der Innenwelt eines Menschen abspielen. Auch die Verarbeitung karmischer Strukturen wird in schneller Abfolge dem Menschen zur Auflösung vorgelegt, wobei jedoch die realen Zeitabläufe nicht wirklich verändert worden sind.

Zu allen Zeiten hat sich spirituelles Wachstum, neben dem ernsthaften inneren Streben, sehr stark durch die Erkenntnisse des Alltags und das aktive Verarbeiten seiner Erscheinungen und Auswirkungen entwickelt.

Die Einsichten und Erlebnisse im Alltag sind Geschehnisse, durch die der Mensch hinter die Illusionen der Erscheinungswelt und tief in sein eigenes Inneres blicken kann. Hierdurch entfaltet sich eine tiefere Erkenntnis höherer Welten, des eigenen Wesens sowie der Umwelt. Es ergibt sich die Möglichkeit, mit den Emotionen, welche die Erlebnisse erzeugen, umzugehen und diese in der eigenen Persönlichkeit zu verarbeiten. Durch diesen Vorgang kann sich der Mensch weiterentwickeln und von bestehenden belastenden Bindungen lösen. Er kann sich mit den höheren Ebenen intensiver verbinden und von diesen deutlicher geführt werden.

Durch das „Wahr"nehmen im Alltag erschließt sich die „Wahr"heit, und das Bewusstsein kann sich entwickeln. So zeigt sich „wahr"haftiger Fortschritt nicht in lautem Getöse und weltlicher Hektik, sondern stets in der Stille und in der Meditation über die Erkenntnisse des Alltags.

Auch Menschen, die über große weltliche Macht verfügen, orientieren sich letztendlich doch an ihren persönlichen Erlebnissen im Alltag. Dabei werden Erfahrungen in der Familie und der Umgang mit Menschen und Situationen auch für sie Richtschnur und Motivation sein.

Sehr wichtig ist die Erkenntnis, dass in der gegenwärtigen Zeit verstärkt der weibliche Aspekt Gottes in das Bewusstsein und in die Verehrung der höchsten Gottheit mit einbezogen wird. Das Allerhöchste ist weder Mann noch Frau. Diese Formvorstellungen sind ausschließlich weltliche Erscheinungen innerhalb der Dualität, durch welche die beiden Aspekte des einen höchsten Gottes, männlich und weiblich, ausgedrückt und erkannt werden können. Ohne die Energien, die sich in der materiellen Schöpfung als weiblich darstellen, wäre eine vollständige innere Einheit und Ganzwerdung des Menschen nicht möglich. Zu stark hat sich in den letzten Jahrhunderten der männliche Pol ausgeprägt, und es ist überaus notwendig, dieses Ungleichgewicht wieder in Harmonie zu schwingen. So findet zur Zeit eine Transformation in jedem Menschen statt, da sich die männlichen und weiblichen Aspekte vereinigen möchten. Das ist auch der Grund, warum in dieser Zeit so viele Beziehungen in die Brüche gehen. Neben mehreren persönlichen karmischen Prozessen, die gleichzeitig ablaufen, wirken sich bereits energetische Befreiungen und Neuausrichtungen aus, die jedoch zu Beginn eines Wandlungsprozesses zumeist extrem in die Gegenrichtung ausschlagen, bevor sie sich in einer neuen Harmonie stabilisieren können.

Lösungsprozesse, auf der persönlichen wie auch auf der kollektiven Ebene, stellen sich in der gegenwärtigen weltlichen Energielage in schneller Folge ein, um vom Menschen transformiert und verarbeitet zu werden. Es wird in der momentanen globalen energetischen Veränderung von der geistigen Führung des Menschen kaum eine Atempause bewilligt. Eine zu lösende Aufgabe folgt der nächsten. Es scheint so, als dränge die Zeit, und die Umwandlungen sollen bestmöglichst und schnellstmöglichst vollzogen werden. Für diese Prozesse und die Ausrichtung auf die höchsten Schöpferkräfte stehen dem Menschen zur Zeit macht- und liebevolle Hilfen aus der geistigen Welt zur Verfügung, die er ohne zu zögern annehmen kann. Es sollte allerdings beachtet werden, dass diese Hilfe und Kraft natürlich auch von den in der Materie verhafteten dunklen Energiestrukturen deutlich gefühlt wird. Diese versuchen mit aller Kraft ihre Position und ihren Einfluss zu behaupten. So lebt der Mensch gegenwärtig im Wechsel zwischen wunderschönen Energien und geistigen Hilfen und dem gleichzeitigen Aufbäumen von bestehenden Gedankenfeldern und den Auswirkungen karmischer Belastungen.

Viele Seelen haben es sich in der jetzigen Inkarnation zur Aufgabe gemacht, möglichst alles altes Karma zu verarbeiten und so ihre Seele von allen Bindungen an das Rad der Wiedergeburt zu lösen. Dies bedingt mitunter die Auseinandersetzung mit Erlebnissen und Verhaltensweisen aus längst vergangenen Epochen, mit Situationen, die Jahrtausende zurückliegen und bis hin zum alten Atlantis und noch weiter zurückreichen können.

Die aufgewirbelten globalen Energiefelder, die sich ebenfalls in einem Umbruch befinden, können innerhalb dieser neuen Einstrahlung, bedingt durch das Resonanz-Gesetz, den inkarnierten Seelen die Möglichkeit bieten, wesensgleiche Schwingungen zu berühren, um über dieses Erkennen und Annehmen das innere Wesen auszurichten auf den heilenden, liebevollen Strom höchster Energien.

Es ist interessant zu sehen, dass sowohl im persönlichen Bereich wie auch im größeren Umfeld, auf nationaler und internationaler Ebene, bislang verborgene Geschehnisse aufgedeckt werden. Dabei kann es sich um Konflikte neueren Datums, aber auch um bislang verdrängte völker-karmische Lasten aus uraltem Kriegs- und Machtstreben handeln.

So kann man erleben, dass globale Schwingungsharmonisierungen über große Medienspektakel eingeleitet werden, wie beispielsweise die Auseinandersetzung mit der Zeit der Dinosaurier. Durch die Zuwendung der Masse und durch die Annahme ausgewählter Einzelpersonen, kann sich eine fast vollständige Harmonisierung von bislang unverarbeiteten Energiestrukturen ereignen, da der Mensch im Verlaufe seiner Entwicklung daran sowohl im Kollektiv als auch als Einzelpersonen beteiligt war. Auch das starke Interesse an der Zeit von Atlantis weist auf das kollektive Bemühen zur Heilung bestehender Ängste und Verarbeitungen aus dieser Zeit hin. Oft werden diese Prozesse zumeist aus kommerziellen Motiven durch die Massenmedien eingeleitet, jedoch durchaus mit einem geistigen Auftrag, der ihnen zwar nicht bewusst war, aber dennoch sein Ziel erreichte.

Anders verlaufen bestimmte karmische Kriegsenergien im Nahen Osten. Hier fällt es noch vielen Menschen schwer, zu vergeben und eine Änderung herbeizuführen. Sie leben alte Felder von Hass und Wut noch voll aus, und so manches dunkle Wesen freut sich darüber und stachelt das gesamte Geschehen noch zusätzlich mit seiner Kraft an. Jedoch wird auch dies zugelassen, um einerseits das Gleichgewicht der Kräfte zu erhalten und andererseits die Möglichkeit weiterer Erkenntnisse zu geben.

Alle karmischen Altlasten und seit langem bestehende Blockaden werden in dieser Zeitenwende 'ans Licht' kommen. Wenn man sich genau umsieht in der Welt, wird nur zu deutlich, dass sich die Menschheit bereits mitten in diesem Prozess befindet.

Aber was bedeutet 'ans Licht' kommen? Es ist aus geistiger Sicht eine ausgezeichnete Möglichkeit, solche Energieblockaden und uralten karmischen Lasten zu erkennen und zu lösen. Wir erleben zur Zeit auf diesem Planeten eine wunderbare Einstrahlung von höchsten Lichtenergien. Es wirken Wesenheiten, inkarniert und nicht inkarniert, welche die segensreiche Liebeskraft außerordentlich erhöhen. Durch die Anhebung der globalen Schwingung geraten die noch unerlösten Energien in eine heftige Bewegung, aber es wird auch gleichzeitig eine Art Existenzangst der dunklen Einheiten ausgelöst. Die durch das Licht aktivierten Transformationen stellen sich als Reinigungsprozesse dar und dienen der Erkenntnis für alle Menschen. Durch das Gesamtgeschehen kann erkannt werden, wie sich die lieblosen Strukturen erhalten und welche Auswirkungen dies zeitigt. Gleichzeitig wird die Möglichkeit einer Entscheidung gegeben. Jeder Mensch hat die Wahl, zwischen dem Weg des Lichtes oder dem Pfad der Dunkelheit. Es gibt sehr viele verschiedene Unterteilungen, sowohl innerhalb des Lichtpfades als auch auf dem Schattenweg; dennoch wird sich in der großen Zeit der Entscheidungen eine ganz bestimmte Trennungslinie ergeben, die ganz klar aufzeigt, welcher Weg aufgrund der eigenen freien Entscheidung gewählt wurde. Dann wird deutlich, wer sein „Öl in der Lampe" aufgefüllt hat oder wer bei denen steht, „die hinweggenommen werden".

So kann es durchaus geschehen, dass innerhalb dieses Wandlungsprozesses die Verführung der dunklen Kräfte noch einmal wirksam wird und der Mensch diesen kurzzeitig verfällt. Jedoch wird er nach kurzer Zeit erkennen, dass der Weg der Liebe ein anderer ist und kann sich noch rechtzeitig umwenden, da im Inneren seiner Seele der Weg bereits entschieden ist. Andere Menschen wiederum werden aus den Angeboten nichts für sich entnehmen können, da sie noch nicht bereit sind. Immer jedoch werden sie von der geistigen Welt begleitet, und es werden ihnen zu einem späteren Zeitpunkt und vermutlich an einem anderen Ort noch einmal die Möglichkeiten der Erkenntnis und Hinwendung zur Liebe gegeben.

Die Schwingung auf diesem Planeten hat einen Tiefpunkt erreicht, an welchem sehr unentwickelten Wesen die Möglichkeit einer Inkarnation geboten wird. Sie wissen kaum, was Liebe ist und folgen ihren Trieben sowie ihren perversen Vorstellungen und hasserfüllten Aktivitäten. Solche Menschen werden sehr gerne von dunklen Geschöpfen ausgenutzt, die sich noch einmal mit aller Kraft für den Fortbestand ihrer Existenz und die dafür erforderliche Energie einsetzen. Die Macht der Dunkelheit zeigt sich auch darin, dass Tiere unter größten körperlichen und seelischen Qualen verstärkt zu Versuchszwecken oder zur Fellzucht in kleinsten Gitterbehausungen gehalten werden, und dies oft viele Jahre, um dem „Tierhalter" große Profite zu ermöglichen. Auch Kindesmissbrauch, Folter, Kannibalismus und Sektenkulte mit sexuellen Ausschreitungen und Blutopfern werden im Geheimen wieder verstärkt praktiziert. Dies ist ein erschreckender Vorgang, der allerdings ein Ausdruck der Einflussnahme ist, die diese Dunkelwesen ausüben können, da es noch immer Menschen gibt, die diese Ausrichtung in sich tragen. Das Schwingungsniveau auf diesem Planeten hat inzwischen einen Zustand erreicht, der es den liebevollen Seelen sehr schwer macht, sich in Harmonie und Frieden weiter zu entwickeln. Trat in vergangenen Zeiten ein solcher Zustand auf diesem Planeten ein, griff immer die geistige Führung ein und führte eine 'Reinigung' durch, die wieder eine gesunde Entwicklung ermöglichte. Den Menschenseelen ist dies bewusst, weshalb eine globale innere Unruhe fühlbar ist. Die inkarnierte Persönlichkeit wird jedoch immer geführt und geleitet und wird sich zu gegebener Zeit am richtigen Ort befinden, um behütet und geschützt zu sein. Es ist jedoch wichtig, sich nicht von den umherziehenden Angstfeldern beeinflussen zu lassen und der stetig ansteigenden Panik zu verfallen. Man kann in den feinstofflichen Welten deutlich erkennen, dass über Filme, Fernsehen, die Print-Medien und auch in mündlicher Weitergabe sehr schnell diese Angstfelder geschürt werden, was jene dunklen Wesen freut, da sie sich von Angst und Schrecken 'ernähren'. Sehr listig werden innere Ängste geschürt, und ehe der Mensch es sich versieht, ist er mit diesen Feldern vernetzt und wird immer wieder von ihnen aktiviert. Jesus sprach zu Johannes: „Zum Ende der Zeit sollt ihr jede Sekunde mit mir verbunden sein. Dann kann euch niemand etwas anhaben!" Diese Botschaft sollte zum inneren Halt werden, damit man im völligen Vertrauen auf die geistige Führung seinen Weg weiter gehen kann.

In der jetzigen Zeit großer Veränderungen setzen die noch immer bestehenden lieblosen Kräfte alles daran, sich ihren Nährboden und die Möglichkeiten des Auslebens ihrer lieblosen Handlungen zu erhalten. Es wird viel Geschick aufgewandt, um den Menschen abzulenken, ihn in seinen alten Mustern zu halten und ihn in die Versuchungen zu führen und darin zu halten. Auch werden durch die Suche der dunklen Kräfte nach Möglichkeiten des Eindringens in das persönliche Energiefeld eines Menschen, zum Zwecke der Beherrschung und Ablenkung, alle seine noch wirksamen unerlösten Muster und lieblosen Strukturen genutzt, um Resonanzen im Menschen zu finden und sich 'einzuschleichen'. Das kann sehr anstrengend für den Menschen werden, bietet aber die Möglichkeit, die alten Muster zu erkennen und in die Liebe zu schwingen. Aus diesem Grund wird es von der geistigen Führung und den höheren Seeleneinheiten zugelassen, damit es der Reinigung und Höherentwicklung dient. Hier passt sehr gut der alte Ausspruch: „So danke Gott, wenn er dich presst; und danke ihm, wenn er dich wieder entlässt!"

Es kann geschehen, dass sich ein Mensch zeitweise zu gewissen Sekten oder Gruppen hingezogen fühlt, da er irgendwann einmal Kontakt damit hatte. Es bedeutet nicht immer, dass er diese Ausrichtung noch in sich trägt, sondern manchmal ist es nur noch eine Erinnerung an eine Zeit, in der die Vorstellungen innerhalb der bestimmten Gemeinschaft noch eine andere war. Vielleicht wird auch die alte Geborgenheit gesucht. Dies stellt dann meist nur eine leichte energetische Bindung dar, die dem Menschen in der Regel sehr schnell bewusst wird, so dass er eine Trennung herbeiführen kann. Anders verhält es sich, wenn eine Seele in einer früheren Inkarnation an der Gründung eines Energiefeldes beteiligt war. Meist sind dann damalige Seelenteile, das heißt abgespaltene Bereiche der früheren Persönlichkeit, in das Energiefeld eingebunden, die ebenfalls erlöst und zurückgeführt werden müssen. Der Mensch wird dann so lange innerlich gebunden oder bestimmten Verführungen verfallen sein, bis der Schmerz alte Bande gelöst oder die Erkenntnis eine Befreiung eingeleitet hat.

Viel Seelenenergie wird eingesetzt, um in der jetzigen Inkarnation alle noch bestehenden karmischen Altlasten zu verarbeiten und die persönlichen feinstofflichen Teilbereiche zu transformieren. Dies ermöglicht gleichzeitig, eine Veränderung in den kollektiven Feldern durchzuführen. Es ist sehr interessant zu beobachten, wie bereits die Erkenntnis und Transformation eines einzigen Menschen zugleich das kollektive Feld verändert. Je nachdem wie stark seine geistigen Kräfte sind, werden sie auf das jeweilige kollektive Feld einwirken. Man sieht teilweise ausgeprägte energetische Verbindungen, über die der gedankliche Austausch und die Reinigung stattfindet. Manchmal werden regelrechte Wellen aus dem kollektiven Feld, bestehend aus Emotionen und starren Gedanken, zu der jeweiligen Person hingeführt und von ihr verarbeitet. Ab einer gewissen Stärke weisen die Felder eine eigene Intelligenz auf, und es erfordert manchmal große Mühe und Einfühlungsvermögen, hier eine Änderung herbeizuführen. Nicht selten werden auch Menschen befreit, die bei der Erzeugung eines Feldes mitgewirkt haben und jetzt ihre alten Seelenteile wieder einholen dürfen. So erfahren auch Seelen eine Loslösung, die derzeit nicht inkarniert sind und dennoch am Verarbeitungsprozess mitwirken. Manche Seelen werden genau aus diesem Grund in bestimmte Verarbeitungs- und Erkenntnissituationen geführt, damit sie auf das jeweils bestehende Feld einwirken können. Ist solch einem Feld eine ganz bestimmte Stärke der Erkenntnis und Wandlung zugeführt worden, wird der Inhalt entsprechend 'kippen' und die neue Ausrichtung sich durchsetzen. Dann fallen, um ein Beispiel zu nennen, friedlich die Grenzen von bislang zerstrittenen Völkern, und eine Annäherung findet auch auf der weltlichen Ebene statt. Ebenso wie auf nationaler Ebene, können sich bestimmte Lebensvorstellungen aus alten Zeiten im alltäglichen Leben verändern.

Bei den Emanzipationsbestrebungen der westlichen Frauen war sehr schön zu beobachten, wie zu Beginn der Bewegung die Frauen teilweise die Kraft der Aggression nutzten, um auf die äußeren Begrenzungen und den Energieaufbau, die das Feld zusammenhielten, einzuwirken. Kraftvoll wurden Tabus gebrochen und so die geistigen Verhärtungen in das Bewusstsein der Masse gebracht, damit sie erkannt und umgewandelt werden konnten. Das ganze Feld ist noch lange nicht frei, jedoch wurden die „Gefängnismauern" gesprengt, und die gebundenen Kräfte können im weiteren Verlauf des Prozesses allmählich gelöst werden.

Die Lebenskraft des Weiblichen ist ein bedeutendes Feld, ganz besonders in Hinblick auf die gegenwärtige Harmonisierung der geistigen Kräfte auf diesem Planeten, da durch seine Befreiung das männliche und das weibliche Feld eine tiefere Ausrichtung und Vereinigung erfahren. Man kann immer beobachten, dass in den Staaten, in denen die weiblichen Energien noch in großem Ausmaß unterdrückt werden, es dem ganzen Land nicht gut geht. Auch in diesem Prozess der Befreiung der weiblichen Energie kann man immer wieder beobachten, wie stark einerseits die lichtvollen Kräfte wirken können, wie intensiv sich aber andererseits auch das Sträuben mancher männlicher Einheit darstellt, die alten Muster und das alte Denken aufzugeben und die Macht loszulassen.

Viele Menschen glauben, sich persönlich momentan in ausweglosen Situationen zu befinden. Sie fühlen sich völlig überfordert von den vielen Geschehnissen und den meist sehr anstrengenden innerlichen Prozessen. Die Ereignisse scheinen dahinzurasen, und das Gefühl macht sich breit, nicht mehr mitzukommen. Doch jeder darf sich sicher sein, dass immer dann, wenn er die Ereignisse, die sich zeigen, annehmen kann und als persönlichen Weg erkennt und nutzt, die geistige Führung alles unternimmt, um alte Energiestrukturen auszugleichen und auf die höheren Lichtkräfte auszurichten. Sehr wichtig ist hier die innerliche Bereitschaft und die Annahme der Situationen; die tiefe Bejahung, persönliche Lasten anzunehmen sowie der tiefe Wunsch nach Umwandlung. Ist dies geschehen, wird das Wollen zum Wunsch und der Wunsch zum Gebet, das dann als Träger für die Hilfe aus der geistigen Welt dienen kann.

Es wird klar, dass die scheinbare 'Schuld' nicht im Äußeren oder bei anderen Menschen zu suchen ist. Auch sollte auf die Erwartung, dass es einem nur dann gut geht, wenn sich entweder die Zinsen erhöhen, das Schulsystem lebensnaher wird oder der Partner dies und das verändert, verzichtet werden. Man kann den eigenen Frieden nur in sich selbst finden, genauso wie man im umgekehrten Sinne auch die Schmerzen immer alleine ertragen muss. Erwartet man von anderen Menschen, dass sie sich verändern oder glaubt man, dass man erst dann im Leben zurecht kommt, wenn sich äußere Strukturen gewandelt haben, gibt man damit gleichzeitig die Macht der Veränderung und somit die Kraft des Handelns an andere ab. Sehr deutlich sieht man in der Aura, dass eine Kraft, die für die persönliche Klärung eingesetzt werden soll, in diesem Fall zu demjenigen oder dem Feld hinströmt, von dem man die Veränderung erwartet. Sofort entfernt sich der Zugang zur optimalen persönlichen Verarbeitung, und das Energiefeld bleibt offen, da man ja von außen etwas erwartet. Die energetischen Tore der Aura sind geöffnet, und es fällt niederen Wesenheiten nicht schwer, durch diesen Einlass einzudringen und eine Fremdbeeinflussung zu erreichen. Der nächste energetisch unangenehme Effekt dieser Erwartungshaltung ist der, dass man im Zuge des Wartens immer Energie verliert und auch eigene Kraft verbraucht, da man ja warten und beobachten muss, ob sich denn in der Außenwelt etwas verändert. Somit wird auch eine Öffnung zu anderen Menschen oder Energien geschaffen, die dann Zugang in das persönliche Feld erlangen können. Ereignen sich in solchen Feldern oder in den Menschen, von denen etwas erwartet wird, starke Energiebewegungen, wird der Wartende immer davon berührt werden, da die energetischen Verbindungen aufgebaut wurden. Auch können sich Erwartungshaltungen in der Aura eines Menschen sehr schnell verdichten und zu energetischen Öffnungen erstarren. Mit der Zeit kann dies sogar das Empfinden von Harmonie und Wohlbefinden so stark unterbinden, dass keine wirkliche Ruhe und Ausgeglichenheit mehr wahrgenommen werden kann. Jegliches Erleben im Umfeld eines Menschen hat mit ihm selbst zu tun und soll ihm etwas aufzeigen oder bestimmte Möglichkeiten bieten.

Eigene Schuld im Sinne von „Todsünde" gibt es nicht. Wird eine lieblose Tat klar erkannt und der Weg der Liebe und der Reue beschritten, hilft die geistige Welt und die Führung des Menschen aktiv mit, um die bestehenden karmischen Verpflichtungen aufzuarbeiten. Durch die Tat entstandene Energien und Bindungen werden natürlich vorrangig durch Rückname und demütige Verarbeitung erreicht, aber der Mensch erhält auch die weitreichende Mithilfe seiner feinstofflichen Helfer. Die geistige Führung will immer nur das Beste für die jeweiligen Seelen, und manchmal kann man tiefen Schmerz bei den Helfern fühlen, wenn eine zutiefst schwierige und schmerzliche Situation für ihren Schützling eingeleitet werden muss. Sobald jedoch der persönliche Erkenntnisprozess vollzogen wurde und der Mensch erkannt hat, warum die derzeitige Lage auf diese Art und Weise für ihn gestaltet werden musste, kann alles Unangenehme gelöst werden und die Lage entschärft sich sofort.

Die entstandenen Situationen, die sich ereignen, sind die Auswirkungen und die materielle Darstellung eines geistigen Verarbeitungsprozesses, der manchmal von der geistigen Führung sehr umsichtig geplant wurde und von den Engelwesen und Schutzgeistern höchsten Einsatz erfordert. Diese Hintergründe werden sehr oft vergessen, und statt sich für eine neue Erkenntnis zu bedanken, schimpft man oftmals, was es denn nun schon wieder für Probleme gäbe.

Man muss sich immer wieder bewusst machen, dass eine Persönlichkeit sehr viele verschiedene Teilbereiche ihrer Seele in eine

Inkarnation mitbringt und die jeweiligen Teilbereiche sehr unterschiedliche Programme in sich tragen. Kommt es nun zu einer Verarbeitungs- oder Erkenntnissituation, wird diesen einzelnen Teilen gestattet, sich voll auszuleben, und man hat als Persönlichkeit das Gefühl, als sei man vollständig diese Teile, aber die Teile sind nur Aspekte der Persönlichkeit. Das Dichterwort von den „zwei Seelen, die in der Brust schlagen", beschreibt recht treffend diese Lebenssituation, in der eine Persönlichkeit gleichsam zwei gegensätzliche Kräfte in sich wirken fühlt. Die oft als 'widerstrebende Kraft' empfundene Energie, ist nichts anderes als einer jener Teilbereiche, der aus der „Abspaltung" wieder in die Gesamtpersönlichkeit, die ja nie statisch, sondern immer dynamisch ist, eingegliedert werden soll. Hier gilt es zu beachten, sich innerhalb der emotionalen Anspannung immer wieder auf die höher entwickelten Aspekte der Persönlichkeit zu besinnen und aus diesen heraus mit den karmischen Kräften und geistigen Herausforderungen umzugehen, sich also mit ihnen aus einer höheren Erkenntnis heraus zu beschäftigen und ihnen so eine liebevolle Ausrichtung zu geben. So schlagen die emotionalen Wellen nicht über der Person zusammen, sondern können als Kräfte erkannt werden, die angenommen und transformiert werden müssen.

II. DER EIGENE LEBENSPLAN

Immer wieder stellt sich in der Definition vom „eigenen Lebensplan" die Frage: „Was ist denn das Eigene? Was bedeutet „eigen" überhaupt?"

Hier ist es wichtig, den Unterschied zu betrachten zwischen der Seele, die sich in ihrer Gesamtheit in den geistigen Ebenen befindet, und der jeweiligen inkarnierten Persönlichkeit, die nur einen kleinen Teil der Gesamtseele ausmacht. Die Seele lebt in enger Verbindung mit den geistigen Führungsebenen und wird auf ihrem Weg in die göttlichen Bereiche die bestmöglichen Lebenssituationen einer erneuten Inkarnation lange im voraus planen. In inniger Abstimmung mit den hohen Engeln und Schutzwesen wird sie einen Lebensplan zusammenstellen, welcher den erneut inkarnierenden Seelenaspekten bis zu einem bestimmten Grad zwar die Möglichkeit der freien Entscheidung lässt, aber dennoch eine gewisse innere Richtung vorgibt.

Jede Inkarnation bildet eine neue Persönlichkeit, die in dieser Zusammensetzung leiblich, geistig und emotional einmalig ist. Nach dem leiblichen Tod wird der Körper mit allen Verbindungen zum derzeitigen globalen Erkenntnis- und Entwicklungsstand wieder der Erde zurückgegeben, mit allen Kulturprägungen und all den körperlichen Merkmalen aus Familie und Volk, die in der derzeitigen Epoche prägend waren. In der emotionalen und geistigen Ebene werden die Seelenbereiche, die ihrem inneren Weg der Entwicklung und Erkenntnis gefolgt sind, zügig die astralen und mentalen Ebenen verlassen können und sich in der Kausalebene ihrer Seele anschließen. Verharren jedoch gewisse Teilbereiche der Persönlichkeit in bestimmten Strukturen und lieblosen Ausrichtungen, können sie den Astral- und Mentalbereich nicht verlassen. Sie sind gebunden, jedoch immer mit einer energetischen Verbindung zur Seele versehen. Bei einer erneuten Inkarnation wird die Seele nach eigenem Ermessen diese in die neue Persönlichkeit einbauen, zusätzlich nimmt sie geistige Impulse auf, um den eigenen Charakter zu entfalten. Dazu kommt unerlöstes planetarisches Karma, das sie freiwillig, der jeweiligen Reife entsprechend, aufnimmt. Die Persönlichkeit arbeitet also an ihrer individuellen Entwicklung und an der planetarischen Umgestaltung.

Die bis zu diesem Zeitpunkt in den jenseitigen Bereichen verharrenden Teilaspekte der Seele können hierdurch ihre Prägung erkennen und haben in einer neuen Persönlichkeit wieder die Möglichkeit der „Ent-wicklung". Nutzen sie die Gelegenheit, werden sie nach dem Leibestod ebenfalls zügig die emotionalen und gedanklichen Bereiche verlassen können.

Hierdurch erklärt sich, dass sich bestimmte Neigungen, Zwänge und Tugenden offenbar ähnlich wie in einer Vorläufer-Existenz ausleben, jedoch sind dies die übernommenen, also aufgenommenen Seelenaspekte, die eine erneute Möglichkeit der Erkenntnis in einer Persönlichkeit erhalten. Gleichen sie sich in ihrer inneren Struktur der Schwingung ihrer Seele an und nehmen sie die Heil- und Umwandlungsimpulse auf, können sie sich schnell ausrichten und ihren wahren Weg erkennen. Somit entspringt der Wandlungs- und Entwicklungsprozess mit den Erlebnissen im Alltag den Vorgaben der Seele, die Reaktion auf das Erlebte hingegen erfolgt zuerst aus den jeweiligen Seelenaspekten mit den persönlichen Gefühlen und Gedanken.

Man kann manchmal sehr deutlich erkennen, dass die inkarnierte Persönlichkeit umso mehr Freiraum hat, je unentwickelter eine Seele ist. Sie kann somit im Laufe eines Lebens viele Dinge gegen die Schöpferkräfte unternehmen, ohne dass die geistige Führung nach kurzer Zeit eingreift und die Situation verändert.

Ist eine Seele schon sehr verbunden mit den höchsten Schöpferkräften und mit voller Hingabe auf ihrem Weg in die göttlichen Welten, so wird sie viel strenger von der geistigen Führung unterwiesen und *darf sich viel weniger Fehler leisten*. Wird also eine Persönlichkeit durch die Verführung der Dunkelkräfte abgelenkt, wird der dann einsetzende 'Dämpfer', der sich meist als schmerzlicher Einschnitt in das Leben darstellt, sehr schnell erfolgen, um die Persönlichkeit wieder auf den *Weg* zu bringen und eine Erkenntnis und Neuausrichtung herbeizuführen. Dabei kann sich die jetzige Persönlichkeit natürlich in ihrer freien Entscheidung, den dunklen Energien zu dienen, durchaus eingeschränkt fühlen, die Seele jedoch hat aus ihrer absolut freien Entscheidung gewählt. Man kann sich die jeweiligen Teilbereiche wie Schüler vorstellen, die sich in den bestimmten Bereichen noch ausbilden sollen.

Hat nun der bestimmte Teilbereich seine Lektion gut gelernt, wird sich eine eventuell angespannte Situation schnell harmonisieren. Auch die Erkenntnis, dass man sich mit den gefühlsmäßigen Gegebenheiten auseinander setzen muss und eine Verdrängung nur wieder Blockaden hervorruft, ist eine mögliche Einsicht, um eine Situation zu lösen. Ebenso können auch alte Vorstellungen aus früheren Inkarnationen aufgehoben werden.

So sollte sich eine inkarnierte Persönlichkeit nicht fühlen, als wäre sie der alleinige Herr und Meister ihres Daseins, sondern sollte anerkennen, dass ein viel höher entwickeltes Bewusstsein in der eigenen Seele wirkt, die eng mit den göttlichen Führungskräften zusammenarbeitet. Die Persönlichkeit sollte somit für eine freiwillige Reifung und Erkenntnis bereit sein. Es ist wichtig, die Hinweise der eigenen Seele zu beachten und den göttlichen Willen an die oberste Stelle zu setzen. Das wird so manchen eigenwilligen

Teilbereichen zuerst nicht gefallen, da sie ja anscheinend ihre Macht der Entscheidung aufgeben müssen und nicht mehr nach ihrem Willen herrschen können, jedoch sind dies nur vorübergehende Empfindungen, wenn im Inneren der Wunsch vorherrscht, sich auf die Liebe auszurichten. Wenn man den gesamten Planeten betrachtet, wird auch sehr deutlich, wohin die materialistische und lieblose Einstellung den Menschen insgesamt geführt hat.

Leider erlebt man immer wieder, dass die gesamte Persönlichkeit aufgrund eines eigenwilligen Teilbereiches so stark in schmerzliche und schwierige Situationen hineingeführt werden muss, dass das Leiden sehr stark wird. Das wird so lang andauern, bis der jeweilige Bereich endlich seinen Egoismus erkennt und die Schöpfungsenergien wieder fließen können. Dies sind dann Situationen, in denen die Persönlichkeitsteile ausrufen: „Das ist das Ende, ich kann nicht mehr!" Jetzt ist der Moment gekommen, in dem die höheren Kräfte das bisherige Wirken des Eigenwillens übernehmen. So bricht in den meisten Fällen erst großer Schmerz die verkrustete Schale auf, um dann den harmonischen Fluss höherer Kräfte wieder fließen zu lassen. Dann fällt die Spannung ab, und endlich können sich die Schöpferenergien wieder frei entfalten. Das innere Aufatmen ist gewaltig, und die Regenerationsphase dauert entsprechend lange. Man kann sich immer wieder selbst beobachten, ob man in bestimmten Situationen etwas unbedingt will und eine starke Ausrichtung auf weltliche Dinge vorherrscht; ob man von bestimmten momentanen Glaubensvorstellungen beherrscht wird und an anderen Menschen keine eigene Meinung zulassen kann. Immer dann, wenn starker innerer Druck etwas zu wissen glaubt oder krampfhaft festzuhalten versucht, fließen nicht die freien Schöpferkräfte, sondern der harte Eigenwille regiert, der glaubt, dass nur seine Vorstellungen die richtigen sind. Je intensiver eigenwillige Vorstellungen im Leben behauptet werden und je unnachgiebiger und uneinsichtiger eine Persönlichkeit sich gibt, umso weniger ist sie für diesen Bereich offen und im Fluss der Schöpferkräfte. Ihr Weg zur Erkenntnis kann daher noch sehr weit sein. Die Erde ist deshalb für manche Persönlichkeiten in gewissem Sinne noch immer eine Scheibe. Wenn man problemlos akzeptiert, dass sich der technische Wissensstand so schnell ändert, dass das, was man heute für richtig hält, morgen schon überholt ist, dann sollte jedem Menschen einleuchten, wie bedenklich es ist, so fest an seinem scheinbaren geistigen Wissen zu hängen, das doch immer nur dem momentanen Bewusstseinsniveau entsprechen kann. Wenn der Mensch zu gewissen Einsichten gelangt ist und dann aber krampfhaft daran festhält, schneidet er sich selbst von der Entwicklung ab, denn in seinem Fall wäre er ja schon mit seinem Fortschritt am Ende und würde alles wissen. Außerdem wird sehr viel Energie verbraucht, um die eigenen Wissensgebilde und Glaubenskonstruktionen aufrecht zu erhalten.

Die großen Wahrheiten, die der Mensch sich als wirkliches tiefes Wissen aneignen kann, müssen sich nicht selbst als Weisheit preisen. Sie sind ewig und wirken für sich selbst. Es gibt Stütze und Kraft, wenn der Mensch sie erkennt, aber dieses Wissen ist frei und schwingt in der Liebe des Schöpfers. Jeder darf die Wahrheit für sich erkennen, annehmen und danach leben, immer in der Gewissheit, dass jeder andere Mensch über die gleiche Freiheit verfügt. Jeder kann seine eigenen Entscheidungen treffen, und die Wahrheit benötigt niemanden, der sie anderen aufdrängt.

So ist es schon häufig vorgekommen, dass eine Seele im Geistreich in Verbindung mit den höchsten Führungskräften ihre eigene inkarnierte Persönlichkeit wieder in die geistigen Ebenen zurückholte, als feststand, dass diese ihren Weg verloren hatte und sich an die Welt zu binden begann. Dann endet das Leben eines solchen Menschen mit einem tragischen Unfall oder einer tödlichen Krankheit. Im Gegenzug kann eine Persönlichkeit auch auf diese

Weise „heim"-geholt werden, wenn sie die geistigen Vorgaben für dieses Leben positiv bewältigt hat.

Derzeit vollzieht sich ein nahezu unglaublicher Prozess der Bewusstseinsveränderung, der nicht nur den Planeten Erde betrifft, sondern alle Schöpfungsebenen. So sieht man gewaltige lichtvolle Energien auf den Planeten einstrahlen, die alle Ebenen durchdringen, den Planeten ebenso wie den einzelnen Menschen. Dieser Vorgang bietet nicht nur die Möglichkeit, verborgene Blockaden zu lösen und Fehlausrichtungen zu korrigieren und an die Oberfläche zu bringen, sondern alle von Menschen geschaffenen emotionalen und gedanklichen Strukturen können in einen feineren und höheren Schwingungszustand versetzt werden. Damit dies geschehen kann und alle Ebenen erhöht werden können, bedarf es natürlich einiger Vorbereitung. Auch die menschlichen Körper erfahren derzeit eine Veränderung, die sich manchmal auf unangenehme Weise und schmerzhaft darstellt.

Über den derzeit sieben menschlichen Haupt-Chakras und den vierundzwanzig Neben-Chakras befindet sich eine feine Schutzmembran, die eine äußerst wichtige Funktion im individuellen Energiefeld darstellt. Diese Schutzmembran wird bei den Menschen, die sich der höheren Schwingung öffnen können, ebenfalls geweitet und geöffnet. Auch werden neue Energiezentren vorbereitet, die ab einem bestimmten Zeitpunkt ihre Aufgaben übernehmen werden. Das gesamte Chakra-System wird in seiner Tätigkeit erweitert. So werden in der Zukunft nicht nur Energien aufgenommen, sondern die Energie kann auch abstrahlen und bewusst in der Außenwelt eingesetzt werden. Das gesamte körperliche Zellgefüge wird stärker durchlichtet und muss sich an die höhere Schwingung anpassen.

So verändert sich neben dem gesamten Zellgefüge auch das genetische Material. Man sieht dies bereits in den Körperformen.

Die Becken der jungen Mädchen sind teilweise schon bedeutend schmäler, manchen Jugendlichen fehlen vollständig die Weisheitszähne, die Körpergröße und Kopfform verändert sich und die Füße werden größer. Die aufgenommenen Wachstumshormone über die Nahrung zeigen in diesem Prozess wenig Auswirkung. Vielen Menschen sind die notwendigen Codes bereits eingepflanzt, die ihnen eine hellsichtige Wahrnehmung ermöglichen und die geistigen Fähigkeiten enorm verstärken.

Viele Kinder werden bereits geboren, die für die neuen Möglichkeiten gut gerüstet sind, bei anderen werden zu gegebener Zeit die bisherigen feinstofflichen Grenzen fallen, und das innere Wissen wird vollständig vorhanden und wahrnehmbar sein.

Würde eine Seele in ihrer Gesamtheit mit all ihren Kräften derzeit in einen Körper einziehen, würde sich dieser innerhalb von Sekundenbruchteilen auflösen. Er ist noch lange nicht vorbereitet auf solche Energien. Die derzeitige Schwingungserhöhung ist dennoch in ähnlicher Weise zu betrachten. Es werden nicht nur die feinstofflichen Energiekörper, sondern auch die physischen Träger vorbereitet, um mehr geistige Energie aufzunehmen. Die Reinigung, die erforderlich ist, bevor solche Energien einströmen können, muss selbstverständlich ebenfalls erfolgen.

Der Mensch nutzt derzeit im Normalfall etwa zehn Prozent seines Gehirns und ebenfalls zumeist nur zehn Prozent seines genetischen Potenzials. Auch diese beiden Bereiche werden gegenwärtig stark erweitert und die Möglichkeit vorbereitet, diese Potenziale umfassender zu nutzen. Es wurde dem Menschen alles gegeben, was zu seiner Vervollkommnung notwendig ist und um die materielle Schöpfung wieder in das Geistreich anzuheben. So hat der Mensch Jesus uns als Christus gezeigt, wie es sein kann, wenn der Körper mit allen Schwingungen dieses Planeten mitgenommen und in die Feinstofflichkeit erhöht wird. „Ihr aber folget mir nach!", lauteten seine Worte.

Es ist ein Segen, dass die Schöpfung in ihrer Gesamtheit sich auf dem Weg „nach Hause" befindet. Es hat sich gezeigt, dass es immer nur ein kleinerer Teil der Gesamtheit aller inkarnierter Geschöpfe im Laufe einer Epoche geschafft hat, jene Pfade ins Licht zu erklimmen, aber dennoch – es ist ein Heimweg für alle. Wenn am Ende einer Entwicklungsepoche die Dunkelkräfte die Oberhand zu gewinnen schienen, griff die geistige Führung ein und leitete einen neuen Entwicklungsschritt ein, der unter neuen Voraussetzungen stattfinden konnte.

So stehen die Menschen auch heute wieder vor einer Umwandlung und einem Neubeginn. Der vorbereitende Reinigungs- und Verarbeitungsprozess ist unvermeidlich mit Geburtswehen verbunden. Diese beinhalten immer wieder auftauchendes Unwohlsein, Kopfschmerzen, Druck zwischen den Augen und am Schädeldach, Schlaflosigkeit, sich verändernde Schmerzen an den verschiedensten Körperstellen, ebenso wie emotionale Schwankungen bis hin zu depressiven Verstimmungen. In manchen Nächten sind die Träume verwirrend und gefühlsmäßig äußerst unangenehm. Alte, vergessene Erinnerungen und intensive Energien werden aus den äußeren Aura-Schichten über den Solarplexus in das Herz-Zentrum zur Verarbeitung gebracht. So können sich Reste von altem Karma zeigen, das man schon längst als erledigt betrachtet, das sich jedoch mit kleinen Teilen in der äußeren Aura abgelagert hatte. Ihre Auflösung ist Bestandteil eines zwar nicht angenehmen, jedoch sehr wichtigen weiteren Reinigungsprozesses, der die Durchlichtung der Aura fördert.

Die Erde selbst leidet inzwischen stark unter den missachtenden und sie ausplündernden Machenschaften der Menschen, und da alles Leben miteinander verbunden ist, erleben und fühlen sensible Menschen zusätzlich zu ihren eigenen Gefühlen auch diesen Schmerz, obwohl er nicht der eigene ist. Dann stellt sich besonders eindringlich die Frage, was auf diesem Planeten geschieht.

Die schmerzlichen Phasen und das Unwohlsein treten nicht dauerhaft auf, sondern schwanken, je nach energetischer Lage.

An manchen Tagen und Nächten werden umfangreiche feinstoffliche Felder in den geistigen Sphären transformiert, und jeder Mensch, der dazu in der Lage ist, wird sich energetisch daran beteiligen und die geistige Welt unterstützen. So betrifft die energetische Arbeit nicht nur den einzelnen Menschen, sondern die Gesamtheit aller Lebewesen. Ein inkarnierter Mensch hat mittels der emotionalen und gedanklichen Prozesse über den Körper Verbindungen in alle Schöpfungsstrukturen und dadurch die Möglichkeit, in das Geschehen auf diesem Planeten positiv einzugreifen. So braucht ein Mensch seine Engel für diese Arbeit, die Engel aber bedürfen auch des Menschen, um vor allem das kollektive Karma zu verändern.

Viele Seelen sind derzeit inkarniert, um besonders aktiv an den Umwandlungsprozessen teilzunehmen, diese teilweise sogar zu leiten und zu führen. Sie haben aber gleichzeitig körperlich sehr häufig darunter zu leiden, da diese Mithilfe und Verarbeitung sehr viel Energien fordert. Manchmal wehren sich die Persönlichkeiten gegen die dauernde Belastung und können nicht verstehen, warum es ihnen häufig nicht gut geht. Hier ist Annehmen und Geschehen-Lassen erforderlich, dann verlaufen diese Prozesse problemloser und harmonischer.

Sehr oft werden die menschlichen Körper mit ihren feinstofflichen Energiefeldern auch in der Nacht vorbereitet oder die Astralkörper abgeholt und in feinstoffliche Ebenen mitgenommen. Dies geschieht entweder, um unterrichtet zu werden oder um selbst anderen Seelen Informationen und Hilfe zukommen zu lassen. Dann wacht man morgens auf und fühlt sich manchmal wie gerädert und benötigt viele Stunden, um wieder einigermaßen aktiv zu werden.

Wir leben in einer schwierigen und aufregenden Zeit, doch es ist eine Zeit mit unglaublichen Möglichkeiten!

Es ist beglückend zu beobachten, dass bereits viele neue Menschenkörper die Möglichkeit erhalten haben, ihre genetischen Fähigkeiten stärker zu nutzen. Teilweise kommen Kinder bereits mit bestimmten Begabungen auf die Welt. Zugleich kann man beobachten, dass die bestehenden Programme sich tatsächlich verändern und größere genetische wie auch geistige Kapazitäten freisetzen können.

Manchmal sind die inkarnierten Kinder noch sehr ungeübt im Umgang mit diesen Energien. Sie spüren auch in ihrem Inneren, dass die Schwingung, für die sie gekommen sind, mit der Schwingung, wie sie momentan noch besteht, nicht im Einklang steht – und so bauen sich manche Widerstände auf. Doch werden zu gegebener Zeit die Energien angepasst, und die Potenziale können sich voll entfalten.

Manchmal werden Differenzierungen vorgenommen, die die Kinder in gewisse Kategorien einteilen. Es ist nicht jedes Kind ein Kind der neuen Zeit, welches sein Übermaß an Ungeduld und Eigenwillen nicht unter Kontrolle bringt. Doch manche Kinder, die nicht bestimmten Kriterien entsprechen, sind in Wahrheit hoch entwickelte Engel, die ihre Energien kontrollieren können und ihre Kräfte noch verborgen halten.

Je mehr der Mensch sich in Harmonie mit seiner Seele und dem Schöpferwillen befindet, um so mehr wird er getragen und geschützt von der geistigen Führung und den ihn begleitenden Wesenheiten. Dies kann nicht erreicht werden, indem man sich nur immer wieder sagt, man sei ruhig und glücklich, sondern nur indem man aktiv an den Hinweisen, die einem das alltägliche Leben gibt, arbeitet und seine Unvollkommenheiten mittels der Liebe überwindet. Werden charakterliche Eigenschaften, die verwandelt werden sollen, nur verdrängt und abgeschoben, müssen sie sich zu gegebener Zeit erneut nach vorne drängen. Es wird vielleicht ein kleiner Aufschub erreicht, aber keine wahre Verarbeitung. Alles, was der Mensch in diesem Leben nicht auflöst und in die Liebe schwingt, muss er nach seinem Leibestod wieder mit in die jenseitige Welt nehmen. Dort kann nichts mehr verdrängt werden, alles ist offenbar und wirkt in jedem Moment drängend, fordernd und belastend auf die Seele ein. So manche Seele kann auf ihrem geistigen Weg nicht weiterkommen, da noch Verstrickungen und Bindungen an diesen Planeten bestehen. Dies erst in der geistigen Welt zu erkennen, ist stets mit großem Bedauern über die verlorene Zeit verbunden, nur weil die Persönlichkeit die Realität einfach nicht wahrhaben wollte. Der Schulungsplanet Erde bietet eine solch wunderbare Möglichkeit der Erkenntnis und Ausrichtung, dass jede Persönlichkeit sie wahrnehmen sollte, indem sie die Verbindung zur geistigen Führung anstrebt und die derzeit überaktiven dunklen Kräfte erkennt, mit ihnen umgeht und ihr Leben so ausrichtet, dass das Licht und die Liebe optimal ihr Dasein durchdringt und sie behüten kann. Dann verstärkt sich das Gefühl der Geborgenheit, und der Mensch kann die Hinweise aus den geistigen Ebenen immer besser hören und den Willen der Schöpferkräfte immer tiefer verstehen.

III. MEDITATION

Der so genannte Alltag auf diesem Planeten birgt für die meisten Menschen ein großes Potenzial an Aktivität und Hektik, an Stress, Ängsten und Angriffen aus der Umwelt. Hinzu kommt die innere Unruhe angesichts eigener Verarbeitungsprozesse. Dies kann mit der Zeit zu einer großen Belastung für alle Bereiche des physischen und der feinstofflichen Körper werden.

Durch emotionale Belastungen entstehen Blockaden des Energieflusses, die sich, wenn sie nicht wieder abgebaut werden können, mit der Zeit als körperliche Krankheit ausdrücken. Sehr stark betroffen werden die jeweiligen feinstofflichen Körper mit ihren feinen Energieverbindungen sein sowie die Chakras, die den Energiefluss zwischen den höheren Körpern und die Aufnahme höherer geistiger Kräfte regeln.

Auch die persönlichen Wachstumsprozesse und die gesamte geistige Entwicklung können unterdrückt werden, da hierfür keine Energie zur Verfügung steht oder die Zufuhr von Lichtkräften aus den höheren Ebenen durch die Blockaden nicht mehr optimal gewährleistet ist.

So weit sollte es jedoch gar nicht kommen, denn der Mensch hat stets die Möglichkeit, sich etwa durch Meditation wieder stärker mit den höheren Kräfte zu verbinden und so entstandene Blockaden abbauen zu können.

Über die Meditation hat der Mensch auch die wundervolle Möglichkeit, die derzeitig stärker auf den Planeten einfließende Christus-Kraft aufzunehmen und als reinigende und inspirierende Energie fließen zu lassen. Diese Kraft hilft, die persönlichen Situationen zu klären und enger mit dem persönlichen Lebensplan vertraut zu werden, um bewusst alte karmische Lasten abzutragen. Meditation hilft auch, die Charakterbildung zu fördern. Es wird damit ein geistiger Fortschritt eingeleitet, der im weiteren Verlauf zu einer Loslösung von irdischen Verhaftungen führt. Selbst die Einflüsse der körperlichen Zyklen, der Mondphasen ebenso wie der astrologischen Einwirkungen, können überwunden werden, je mehr sich die Persönlichkeit mit den höheren Aspekten ihres Wesens verbindet.

Ganz deutlich sieht man in der Aura eines dauerhaft gestressten Menschen, dass die Energieschwingungen, wenn man sich die Energie als Welle vorstellt, sehr kurz hintereinander und sehr hoch schwingen; und die 'Gischt' über den Wellen versprüht unkontrolliert nach allen Seiten. Zuerst sind diese hohen, engen Wellen nur an bestimmten Schwachstellen in der Aura permanent zu sehen, werden aber immer mehr und stärker, je weniger sie vom Menschen durch Ruhe und Entspannung ausgeglichen werden. Mit der Zeit füllt sich die Aura immer mehr, und der Gefühlshaushalt verharrt in einer Art Dauerspannung mit diesen aufgeladenen Energiewellen. Hier wird es immer schwerer, sich wieder 'abzuregen' und die Schwingungen ruhiger und harmonischer fließen zu lassen. Die Gefühle solcher geplagter Menschen werden immer angespannter und nehmen sie so in Beschlag, dass sie mit der Zeit glauben, es gäbe nur noch Spannung und Unruhe. Ein Mensch, der einmal den inneren Frieden gekostet hat, wird stets versuchen, sich mit diesem Frieden zu verbinden und ihn immer mehr in sein Leben einfließen zu lassen. Wird zu lange innerhalb einer Stresssituation verharrt, wird es für den Einzelnen immer schwerer, sich noch an diesen Frieden zu erinnern und zu ihm zurückzufinden, zumal viele negative Kräfte alles daran setzen werden, dies zu verhindern. Das größte Entspannungshindernis bilden dabei jene Wesen, die sich mit Vorliebe an Menschen mit großer Anspannung hängen. Diese Wesenheiten ernähren sich von spannungsgeladener Energie und ungelösten emotionalen Blockaden. Die vom Menschen ausströmenden Emotionen und Gedankenenergien werden abgezapft und weggenommen. Diese Wesen haben selbst kaum Zugang zu schöpferischen Energien und versuchen sich auf diese Art und Weise über menschliche Kraftquellen zu ernähren. Jene Menschen, an die sie sich angehängt haben, wollen sie als Energieträger erhalten, was dann das nächste Problem bildet, denn diese Wesen verfügen über viele, zum Teil sehr intelligente Möglichkeiten, den Menschen weiter unter Druck, Spannung und Stress zu halten, damit er nicht zu sich kommt und keine Ruhe findet. Weiterhin wird von gewissen Wesen mit Vorliebe das Fernsehen genutzt, um ihre 'Ernährer' ständig abzulenken, damit sie nicht erkennen, dass sie schon gar nicht mehr ihr eigenes Leben leben, sondern inzwischen weitgehend fremdbestimmt werden. Sie nutzen auch den Umstand, dass sich der Mensch vor inneren Schmerzen schützen möchte, von denen er fühlt, dass sie beim Aufarbeiten von altem Karma in jedem Fall einsetzen würden. Viele Betroffene greifen dann im Übermaß zum Alkohol, um kurzzeitig eine bessere Stimmung zu erreichen und um durch die Lockerwerdung des Astralkörpers den emotionalen Druck nicht mehr so stark zu fühlen. Diese fehlgeleiteten Kräfte versuchen sich auch durch den Genuss von Nahrungsmitteln oder anderen Konsumgütern ein gewisses Hochgefühl zu verschaffen. Da dies natürlich keine echte Erfüllung und Bereicherung schenkt, entfernt sich der Mensch noch mehr von der inneren Zufriedenheit.

Zunutze machen sich jene Wesenheiten auch die Tatsache, dass sich inzwischen eine Fülle an unverarbeiteten Gedanken und Emotionen angesammelt hat, die meist schon bei der geringsten Berührung beim Menschen eine extreme Müdigkeit auslösen, so dass er sich teilweise krank fühlt und die unguten Gefühle zur Verarbeitung nach oben drängen. Das gleiche Prinzip finden wir beim Fasten. Meist stellen sich bei dieser Reinigung nach etwa drei Tagen starke Gefühlswallungen mit zum Teil kräftigen körperlichen Auswirkungen, wie starkes Unwohlsein und Schmerzen, ein, die natürlich als sehr unangenehm empfunden werden. Gut ist allerdings, dass sich für den Körper endlich die Möglichkeit ergibt, angestaute Emotionen und Abfallprodukte der Ernährung abzugeben, damit sie gefühlt, angenommen und auch geistig „verdaut" werden können.

So werden unliebsame Gefühle in einer beginnenden Verarbeitungsphase oft wieder verdrängt, anstatt sie anzunehmen. Die Verdrängung dieser Emotionen und Gedanken erfordert wiederum persönliche Energie, um eine Barriere aufzubauen, welche die Dinge fernhalten. Aber es wird der Zeitpunkt kommen, an dem auch diese Verdrängungsblockaden wieder eingerissen und abgetragen werden müssen.

Deshalb ist es außerordentlich nützlich, so früh wie möglich eine „Ent-Spannung" zu erreichen, um den höheren Kräften die Möglichkeit einzuräumen, in diesen Ruhephasen Stauungen aufzulösen. Die höheren Kräfte und Wesenheiten werden sich im Normalfall nicht in die Belange eines Menschen einmischen, wenn dieser es nicht wünscht. Der freie Wille wird respektiert, jedoch wird die geistige Führung mit großer Freude und Hingabe mithelfen, wenn der Mensch es wünscht und zulassen kann. Deshalb spielen Hingabe und das Annehmen geistiger Hilfe eine so entscheidende Rolle im Leben.

Es gibt viele verschiedene Arten von Meditationen, und in den verschiedenen Kulturen werden unterschiedliche Praktiken ausgeübt. So sollte jeder Mensch lernen, seine eigene Art der Meditation oder Zeit der Ruhe zu finden und erst einmal Erfahrungen sammeln, wenn er sich nicht gleich zu einer bestimmten Art hingezogen fühlt. Jede Auswahl kann nur sehr persönlich und aus der eigenen Erfahrung heraus erfolgen, wobei die Toleranz gegenüber anderen Menschen, die sich vielleicht für eine uns befremdlich wirkende Form der Meditation entschieden haben, selbstverständlich sein sollte.

Dieses Buch bietet zwei Möglichkeiten an, um eine optimale Ausrichtung auf höhere Kräfte und Wesen zu erlangen, die Intuition zu verbessern, die persönliche Wahrnehmung zu vertiefen und die Karma-Strukturen zu erkennen und aufzuarbeiten. Dies ist zum einen der Weg der bewussten Wahrnehmung und zum anderen der Weg des Loslassens und Annehmens. Bei der Wahrnehmung wird ganz bewusst auf ein spezielles Problem eingegangen, das die Außenwelt zur Verarbeitung stellt. Der Mensch wird immer aus der geistigen Welt geführt, und die Vorgänge und Situationen, die er erlebt, sind sorgfältig ausgewählt und sollen ihm etwas aufzeigen. Somit sind die täglichen Erlebnisse gottgewollt und dienen dem Menschen. Es ist ein geistiger Hinweis in der materiellen Welt und sollte als solcher anerkannt werden. Meist lassen sich in einer bestimmten Situation oder bei sehr lange anhaltenden Prozessen nicht sofort die Gründe dafür erkennen, oder Gefühle tauchen immer wieder auf, mit denen der Mensch nicht zurecht kommt, die er nicht auflösen oder umwandeln kann. Dazu ist es besonders wichtig, sie in einem Augenblick der Ruhe mit Hilfe der Christus-Kraft anzunehmen, sich tief in sie einzufühlen und so vielleicht die Gründe zu erfahren, um karmische Lasten zu verarbeiten. Hat man sein Karma erkannt, kann man es loslassen und mit Liebe und Dankbarkeit den höheren Kräften zur Auflösung übergeben. Es gibt also eine Zeit der aktiven gedanklichen und emotionalen Arbeit und eine Zeit des Geschehenlassens, damit die höchsten Kräfte den Menschen durchdringen und erhöhen können.

Bevor näher auf die beiden genannten Möglichkeiten der Meditation eingegangen wird, sollen aus geistiger Sicht einige Hinweise zu bestimmten Praktiken gegeben werden, die eine erhöhte Vorsicht wecken sollen. Ein wichtiger Aspekt der Meditation ist das Wissen, dass man keine großartigen, spektakulären Geschehnisse erwarten sollte. Meditation ist nicht die Ausrichtung auf Sensationen, großartige Bilder, sichtbare Farbspektakel oder die Erwartung, mit Geistwesen in Verbindung zu treten. Dies kann vielleicht geschehen, aber nicht, wenn es erwartet wird. Hohe geistige Wesen lassen sich nicht herbeizitieren. Eher wird eine solche übertriebene Erwartungshaltung von Foppgeistern genutzt, die zahlreich auf diesem Planeten verweilen. Sehr schnell kann ein Mensch in die Illusion geführt werden und sein eigentliches Sehnen nach geistiger Tiefe wird, ehe er es bemerkt, abgelenkt, fehlgeleitet und mit der Zeit stark manipuliert. Es hat wenig Bedeutung, großartige Sensationen zu erleben, denn das wahrhaft Wichtige und Reine benötigt keinen spektakulären Auftritt. Wenn jemandem ein Erlebnis zuteil wird, so sollte er es dankbar annehmen. Der Meditierende sollte niemals etwas erwarten oder gar herbei manipulieren. Nur der Kontakt mit der eigenen Seele und die Verbindung mit den höchsten göttlichen Kräften hat Bestand und dient dem Menschen auf seinem Weg.

Es ist bekannt, dass jeder Gedanke und jedes Gefühl in der feinstofflichen Welt sofort eine Form bildet, die im Wiederholungsfall ein starkes Feld aufbauen kann oder sich auch nach einer kurzen Zeit wieder auflösen wird, wenn sie nicht neu belebt wird. Bei bestimmten Riten oder Zeremonien, die im Rahmen großer Veranstaltungen durchgeführt werden, kann es daher zu so empfundenen „geistigen Erhebungen" kommen, die aber nicht wirklich auf wahrhaft geistige Impulse zurückzuführen sind, sondern lediglich Auswirkungen von Feldern sind, denen im Astralen von bestimmten

Wesenheiten Ausdruck verliehen wird. Diese können jedoch jene Felder nur aktivieren, weil sie von den Teilnehmern der jeweiligen Veranstaltungen mit ihren Energien der Hingabe oder Anbetung gespeist werden. In jedem Fall ist der Mensch mittels seiner Gedankenkraft und seiner Emotionen Schöpfer von realen Gebilden, welche sich in Art und Inhalt nach ihrem Auftrag richten.

An einem Beispiel lässt sich vielleicht am besten die Wirkungsweise von bestimmten Gedankengebilden aufzeigen. Ein Mann verlor seine Anstellung in einer Computerfirma und wurde für einige Zeit arbeitslos. Es war für ihn eine extrem schwierige Zeit, denn er fühlte sich oft handlungsunfähig und hatte das Gefühl, die Kontrolle über sein Leben zu verlieren. Aber genau das war der Hintergrund dieses Geschehens. Er sollte lernen, sich an seiner geistigen Führung zu orientieren und sein Leben nicht immer aus dem Eigenwillen zu kontrollieren. In einigen Bereichen hatte er das auch verstanden, aber ein ganz bestimmter Teil in ihm konnte nicht damit umgehen. Er hatte eine Familie zu ernähren, das Haus war noch nicht abgezahlt und die Kinder kosteten eine Menge Geld. Dies alles hatte ihn in eine harte Bewährungsprobe gedrängt, die er aber trotz der schwierigen Umstände hätte gut meistern können. Nach fünf Monaten bekam er endlich eine neue Stellung in einer Firma, die sich für neue, umweltfreundliche Technologien zur Energiegewinnung einsetzte. Innerhalb einer Stunde des erfolgreichen Einstellungsgespräches veränderte sich sein ganzes Leben wieder, und er freute sich über die neue Chance. Energetisch war er jedoch mit größten Schwierigkeiten konfrontiert. Er konnte morgens kaum aufstehen, fand nur mühsam die notwendige Energie, um seine Arbeit zu bewältigen und fühlte sich ausgelaugt und unglücklich. Das war ihm nicht verständlich, da er sich von Herzen über die neue Arbeitsstelle freute.

Es zeigte sich, dass er seit einiger Zeit mit einer ganz bestimmten Meditationstechnik begonnen hatte, in der er sich immer wieder einen ganz bestimmten Ort, an dem er sich wohl fühlte, vorstellen sollte. Das hatte er natürlich getan, und da seine geistigen Kräfte schon gut ausgebildet waren, enthielt sein mentales Bild dieser Welt die notwendige Kraft. Er hatte sich bis ins kleinste Detail eine Welt an einem Strand vorgestellt. Es war ein unglaublich schöner Strand, und er hatte sich in diese Welt auch ein Haus gebaut, mit allen Möbeln, Feuerstellen und Erholungsplätzen, die er sich nur vorzustellen vermochte. Die Welt wurde mit jeder Meditation realer und konkreter, und er benötigte immer weniger Kraft, um in der Meditation diese Welt zu betreten. Es war für ihn eine Welt, in die er gehen konnte, wenn er im Alltag Stress und Hektik erlebte, wenn die Menschen ihn lieblos behandelten, wenn es Probleme in seiner Partnerschaft oder Ärger mit den Kindern gab. Diese Welt war immer für ihn da, und er konnte in ihr den Stress des Alltags vergessen. Aber solche Welten sind Scheinwelten. Sie entsprechen nicht der Realität und sollten nicht als Zufluchtstätten missbraucht werden. Aber genau das geschah mit bestimmten Bewusstseinsteilen des Mannes.

Während der extrem unangenehmen Zeit der Arbeitslosigkeit, immer mit dem Gefühl zu versagen, wanderten jene Bewusstseinsteile einfach in diese aufgebauten Welten ab und verharrten in ihr. Sie blieben dort und beachteten die gegenwärtige Welt nicht mehr. Die Illusion von Sicherheit und Geborgenheit blendete sie. Wenn sich jedoch Teilbereiche der Seele abspalten und die Persönlichkeit verlassen, wird dies immer als starker Energieverlust empfunden. Die Persönlichkeit kann sich im Alltag schlecht konzentrieren, da ihre Kräfte nicht vollständig sind. Die Energiezufuhr aus den höheren Ebenen kann über solche Bereiche ebenfalls nicht fließen, da sie sich ja nicht wahrhaft im Menschen befinden, sondern zur Erhaltung der Scheinwelt benötigt werden.

Die geistige Führung lässt solche Geschehnisse durchaus einige Zeit zu, damit der Mensch erkennen kann, dass Scheinwelten nie eine Lösung sind, doch mit der Zeit werden die Hinweise durch Energiemangel und starke Disharmonie immer größer.

Wird dieser Hintergrund erkannt, obliegt es der Persönlichkeit, die abgewanderten Bereiche wieder zu reintegrieren. Es erzeugt gleichzeitig Gefühle der Demut, wenn die abgespaltenen Bereiche wieder bereit sind, ihre Vorgaben im gegenwärtigen Leben zu erfüllen und sich der Realität zu stellen, in der Gewissheit, dass alles Geschehene zur Reifung, zur Vervollkommnung und zum Wohle der Persönlichkeit dient. Dann kehren die abgespaltenen Gedankenfelder wieder zurück und stehen der Gesamtpersönlichkeit erneut zur Verfügung. Die aufgebaute Welt ist damit jedoch noch immer nicht aufgelöst. Es erfordert eine bewusste Anstrengung, um diese mentalen Gebilde mit Hilfe der Christus-Kraft und der geistigen Führung aufzulösen. Manchmal üben diese Gedankenbilder auf die Persönlichkeit noch eine Anziehung aus, da die Gewohnheit ein nicht zu unterschätzender Faktor ist, doch wird sich dies bald legen und alle Bindungen können gelöst werden.

Wenn durch eine Meditationsübung Scheinwelten aufgebaut werden, die sich manchmal sogar an astrale Welten ankoppeln und dann extrem schwer wieder aufgelöst werden können, sollten diese mentalen Gebilde nach jeder Meditation ganz bewusst, mit Hilfe der geistigen Kräfte, wieder aufgelöst werden. Schwieriger wird dieses Unterfangen, wenn sich mehrere Menschen gleichzeitig am Aufbau solcher Schweinwelten beteiligt haben. Dann sind innerhalb dieser Welten Wesensanteile von verschiedenen Menschen beteiligt, mit teilweise ganz verschiedenen Vorstellungen und Bindungen. Nicht selten halten sich dann in solchen Welten Wesen, die sich von den Energien ihrer „Besucher" und „Schöpfer" ernähren. Je mehr Bewusstseinsteile eines Menschen in solche Sphären abwandern, um so weniger hat er die Möglichkeit, die reale Welt, in der er lernen soll, wahrzunehmen.

Nicht nur in der Meditation werden solche Welten erzeugt. Häufig erlebt man bei Menschen, dass sie sich im Alter in Illusionswelten aufhalten und die Außenwelt nicht mehr richtig wahrnehmen. Deshalb ist die Bereitschaft wichtig, auch unangenehme Situationen im Sinne der Weiterentwicklung und Erkenntnis zu akzeptieren. Dies unterstützt die Seele bei ihrer Befreiung aus dem Rad der Wiedergeburt und fördert ihre Heimkehr in die lichten geistigen Welten. Es ist nicht immer einfach, alle eintretenden Umstände anzunehmen, aber es ist meist unumgänglich, dass die jetzige Persönlichkeit viel erlebt, um viel lernen zu können, auch hinsichtlich der Erkenntnis der globalen kollektiven Felder, da die so genannten *Verkehrsregeln auf der Gefühlsebene* und *die Kraft von Gedankenschöpfungen* gelernt und erkannt werden sollen.

Auch unkontrollierte Atemübungen bergen eine große Gefahr, weil sie frühzeitig bestimmte karmische Prozesse auslösen können, die noch nicht von der geistigen Welt geplant sind. Werden Atemtechniken falsch angewandt, können sich große Einrisse und Verzerrungen in den feinstofflichen Körpern bilden, und es dauert sehr lange, bis sie wieder geheilt sind.

Es ist überaus wichtig, Atemübungen und Meditationstechniken bewusst anzuwenden. In der Meditation werden die Bereiche, die sich über Gefühle und Gedanken zeigen, mit Hilfe der inneren Energien zur Erkenntnis und zur Umwandlung gebracht. Man kann in einer bewussten Meditation auch Antworten erhalten, wie man sich in bestimmten Situationen verhalten soll, welche Entscheidungen zu treffen sind oder welches Verhalten einer Änderung bedarf. Man sollte sich jedoch auch dies nicht als großartige Vision oder spektakuläre Antwort vorstellen, sondern die Information wird meist über Empfindungen und intuitives Erkennen gegeben.

Genau so wichtig ist die Fähigkeit der Hingabe. Der Mensch sollte nicht davon ausgehen, dass er selbst in der Lage ist, altes Karma und tiefsitzende Blockaden aufzulösen. Es ist stets die Christus-Kraft, die über das Herz-Chakra fließt. Jesus sagte: „Der Vater tut die Dinge durch mich!" Es sind geistige Kräfte, die in uns eine Verwandlung bewirken, und zwar in Harmonie mit der Seele, die diese Hilfe erbittet, sie erhält und sich so dem Licht zuwendet.

Viele Menschen leiden unter dem Problem, nicht einschlafen zu können. Sie werden ständig von ungelösten Schwierigkeiten bedrängt, der Stress nimmt überhand und es kann kein Ausgleich mehr gefunden werden. Ist die Anpassung noch nicht zu stark, bereitet das Einschlafen nicht das größte Problem, da der Körper noch relativ gesund ist und seinen Schlaf fordert. Doch wacht man in der Nacht auf oder kann früh am Morgen nicht mehr einschlafen, werden die Gedanken im Kopf kreisen und die Gefühle lassen sich nicht mehr kontrollieren.

Einen absolut ruhigen Geist und ein wahrhaft ausgeglichenes Gefühlsleben zu erreichen, ist in der derzeitigen Weltlage vermutlich sehr schwierig. Die persönlichen Erkenntnisprozesse und das Aufarbeiten von Karma vollzieht sich zur Zeit in einer Geschwindigkeit, dass kaum noch Erholungsphasen zwischen den verschiedenen Ereignissen liegen.

Vielleicht bleibt der Menschheit nicht mehr allzu viel Erdenzeit, bevor große Veränderungen eintreten. Viele Seelen haben es sich ganz bewusst zur Aufgabe gemacht, zügig voranzuschreiten und mit Kräften eine Bewusstseinsveränderung in der Welt zu unterstützen.

Diese Transformation ist zwar sehr anstrengend, jedoch sollte das Vertrauen aufgebaut werden, dass sich alles nach einem göttlichen Plan vollzieht. Der Mensch sollte all das Geschehen, das sich auf der weltlichen und der persönlichen Ebene vollzieht, in der tiefen Gewissheit annehmen, dass alles einer göttlichen Führung und Ordnung unterliegt.

Welche Wahl getroffen wird, ob eine „bewusste Meditation" oder eher eine „Hingabe-Meditation" angestrebt wird, sollte immer den persönlichen Gegebenheiten angepasst werden. Zeigt sich ein Problem oder muss eine Entscheidung getroffen werden, steht vermutlich die bewusste Beschäftigung damit im Vordergrund. Man spricht in der Literatur manchmal von der „Affenherde der Gedanken", wenn dem Menschen zu viele ungelöste Situationen, Gedanken oder Gefühle im Kopf herum schwirren. Oftmals wird dann versucht, diese Einflüsse zu verdrängen, doch sie sind aus dem Grunde vorhanden, damit man sich mit ihnen beschäftigt und die anstehenden Aufgaben löst. Alles, was verdrängt wird, kommt eines Tages zurück.

Nicht selten erwacht eine Persönlichkeit nach dem Ablegen ihres körperlichen Gewandes in der jenseitigen Welt und muss mit Erschrecken feststellen, dass sie einen ganzen Berg ungelöster Aufgaben mit sich schleppt, die nun mit ihren Inhalten und Gefühlen auf sie einstürmen. Jetzt ist keine Verdrängung mehr möglich, und die Schwierigkeiten können riesig sein. Auch die karmischen Bindungen an andere Seelen konnten nicht gelöst werden und müssen dann in einer neuen Inkarnation bearbeitet werden.

Soll die Meditation zur Lösung von Problemen beitragen, muss sie zur bewussten Wahrnehmung der eigenen Persönlichkeit und alter, ungelöster Muster führen sowie Fremdeinflüsse aufzeigen.

Ein weiterer sehr wichtiger Aspekt der Meditationspraxis ist die Verstärkung der Energie, die der Mensch benötigt, um im rechten Sinne seine Wahrnehmung für den Alltag zu schärfen und die Kräfte zu stärken, die er zur Lebensbewältigung benötigt. Es können Blockaden abgebaut und die Verbindung zur eigenen Seele intensiviert werden. Dies ermöglicht eine schnellere und bewusstere Entscheidungsfindung im Sinne der Seelenführung.

Meditation kann die Herzebenen aktivieren und die persönlichen Verarbeitungsmöglichkeiten vergrößern.

In der Meditation kann durch das Einstrahlen der höheren Kräfte die Wahrnehmung der Außenwelt, wie auch der feinstofflichen Welten, deutlich erhöht werden. Die Ausbildung des Charakters und die Anbindung an höchste Bewusstseinsebenen kann unterstützt werden. Meditation ist somit der äußere Ausdruck eines inneren Strebens der Seele und kann die Prozesse von Weiterentwicklung und innerer Harmonisierung außerordentlich unterstützen. Meditation kann „Himmel und Erde verbinden", so dass der gesamte Alltag in eine Art bewusster Meditation, eine klare Wahrnehmung der Gotteskraft einmünden kann. Der Mensch wird sich bewusst, dass das Annehmen der Alltagssituationen auch das Annehmen des Göttlichen ist, denn das Heilige ist vom Profanen nicht wirklich getrennt.

Wie Meditation im Alltag eingesetzt werden kann, mag das folgende Beispiel verdeutlichen. Ein Mann hatte das immer wiederkehrende Problem, dass er seine Frau nicht alleine weggehen lassen konnte. Diese hatte nicht etwa ein Verhältnis, sondern sie wollte nur mit ihren Freundinnen zusammen sein und sich auch sportlich betätigen. Jedes Mal, wenn sie ihre Absicht doch durchgesetzt hatte, entstand zu Hause ein regelrechter Krieg, und in dem Mann entstanden Gefühle, die er nicht kontrollieren konnte und die er als Beschimpfungen auf seine Frau warf, so oft er dazu Gelegenheit hatte. Nun hat man die Möglichkeit, solche Geschehnisse einfach nur immer wieder auszuleben und zu wiederholen und damit erneut Schaden anzurichten oder sich mit der Situation auseinander zu setzen.

Der Mann entschied sich, diese Gefühle konsequent anzunehmen und ihren Hintergrund in der Meditation zu ergründen.

Dies forderte von ihm zuerst einmal das völlige Annehmen dieser äußerst unguten Gefühle, und er erlebte in der Meditation das gleiche Gefühlschaos immer wieder. Die erste Meditation war für ihn die schlimmste Erfahrung. Er fühlte sich danach wie gerädert und hätte fast aufgegeben. Doch er wusste, dass bei der ersten Berührung die Gefühle am stärksten sind – und er blieb standhaft. Weder die zweite noch die dritte Meditation zeigte ihm irgendeinen Hintergrund auf, aber in jeder Meditation konnte er einen großen Anteil der Energiestauung abtragen. In der Regel zeigen sich nicht sofort die Hintergründe, da sie verstellt sind von Gefühlen und Gedanken.

Doch er gab nicht auf und ließ immer wieder die aufkommenden Gefühle zu, die sich einstellten, wenn er über die Situation nachdachte. Immer wenn er sich in der bewussten Meditation inmitten des Gefühlschaos befand, ließ er sich in eine Phase des Loslassens führen. Er übergab die von ihm schmerzhaft wahrgenommenen Gefühle mit allen Gedanken und Blockaden der Christus-Kraft und bat diese um Harmonisierung, Auflösung und Mithilfe bei seinem Bewusstwerdungsprozess. Es ist nicht immer erforderlich, dass der Mensch durch eine Erkenntnis den gesamten Hintergrund eines Geschehens durchschauen muss, manchmal ist das Annehmen, das Übergeben und vor allem das Vergeben bereits der Weg zur Befreiung. Eine nochmalige gedankliche Durcharbeitung ist manchmal nicht erforderlich, denn die Verarbeitungsprozesse finden weitgehend auf meist noch unbewussten Ebenen statt.

Durch die Meditation des Mannes wurden jedes Mal karmische Einzelaspekte und Energiestauungen verarbeitet, indem er die Gegebenheiten 'ans Licht' brachte und die Christus-Kraft sie auflöste.

Nach etwa sechs Meditationen drang der gedankliche Hintergrund seiner Ängste und die Blockade ans Tageslicht. Es fiel ihm *plötzlich* ein, dass seine Mutter den Vater verlassen hatte, als er selbst noch sehr klein war. Sie war eine lebhafte Frau gewesen und leider nicht fähig, ein Familienleben zu führen und bei nur einem Mann zu bleiben. Nicht einmal die Liebe zu ihrem Kind konnte sie dazu bewegen zu bleiben. Sie war zuerst abends viel unterwegs, und dann blieb sie ganz weg. Der Mann hatte dies fast völlig verdrängt, doch nun fielen ihm alle Aussagen seines Vaters wieder ein: „Die Frauen darf man nicht weglassen, sonst sind sie gleich ganz weg." „Wenn du sie nicht zu Hause halten kannst, bist du gleich ein einsamer Mann!" und ähnliche Sätze. Er konnte den ganzen Frust des Vaters ebenso wie seinen eigenen Schmerz in seinem Inneren fühlen. Er bemerkte, dass er sogar Schmerz von seinem Vater übernommen hatte. Die Prägung, dass es treue Frauen nicht gab, zeigte sich sehr deutlich für ihn. Nun hatte er die einmalige Gelegenheit, in der Meditation sein Inneres neu zu gestalten und Vertrauen in seine eigene Frau aufzubauen. Dann übergab er das ganze Geschehen wieder den höheren Kräften und bat um Stabilität und Durchlichtung. Manchmal kamen noch einige alte Gefühlsschwankungen, die er aber immer sehr schnell verarbeiten konnte, und am Ende des Prozesses vermochte der Mann seine Frau loszulassen und Vertrauen zu entwickeln, er fand sogar zu dem tiefen Wissen und der Bereitschaft, sollte es je anders kommen und seine Frau dennoch einen anderen Mann kennen lernen, so würde er auch dazu bereit sein.

Man könnte eine bewusste Meditation, die dann in eine Meditation des Loslassens und Empfangens übergeht, folgendermaßen beginnen:

Um nicht einzuschlafen, ist es vorteilhafter, die Meditation im Sitzen durchzuführen. Sie kann aber auch im Liegen erfolgen. Der

Vorteil des Sitzens besteht auch darin, dass das Wurzel-Chakra zur Erde zeigt und das Kronen-Chakra nach oben. Es ist für unseren Kulturkreis nicht erforderlich, den Energiefluss im Hüftbereich durch Sitztechniken zu stauen oder mit dem Gesäß den Boden zu berühren, damit das Wurzel-Chakra direkt auf der Erde aufsitzt. Dies lässt sich schon aufgrund der andersartigen westlichen Lebensverhältnisse nicht durchführen. Die Christus-Kräfte werden immer fließen, wenn die innere Einstellung, also das Bewusstsein des Menschen, eingestimmt ist.

Um nicht durch plötzliche Geräusche einen energetischen Schock oder eine innere Blockaden zu verursachen, ist es vorteilhaft, das Telefon auszuschalten und sich um Ruhe zu bemühen. Die Meditation sollte möglichst nicht gestört werden. Wenn bestimmte Düfte gewünscht werden, können Räucherstäbchen oder Öle das Wohlbefinden steigern, doch ist dies nicht unbedingt erforderlich. Das Anzünden einer Kerze berührt ein sehr altes Feld auf diesem Planeten, welches durchaus helfen kann zu entspannen und Gefühle der Demut und Hingabe zu erreichen. In allen Kulturen auf diesem Planeten stellte die Flamme und das brennende Licht die Hinwendung zu den höchsten Kräften dar. Beim Anzünden wird eine innere Andacht erweckt, die den Menschen sehr schnell mit einer sofort wahrnehmbaren Energie erfüllen kann, die wahre Demut und Glauben aktiviert und die Hilfe hoher Kräfte erbittet. Natürlich hängt dies auch vom Bewusstseinsgrad des Anzünders ab. Kann er selbst diese Gefühle nicht entwickeln, wird er sie auch nicht anziehen. Ein Atheist kann tausend Kerzen anzünden, es wird nichts geschehen. Die lichtvollen Wesenheiten, die den Menschen umgeben, sind zwar immer bemüht, ihm tiefe Wahrheiten zu vermitteln, jedoch kann nur das Sehnen des Menschen die Tore tatsächlich öffnen.

Während der gesamten Meditation sollte immer der Atem beachtet werden. Er kann vieles aufzeigen, da er stocken kann, wenn große Emotionen zur Verarbeitung drängen. Manchmal wird auch erst über die veränderte Atmung eine Reaktion erkannt. Nicht selten befinden sich Energiestauungen in der Aura des Menschen, die eine Atmung bis in den Bauchbereich blockieren können. Wenn hohe geistige Kräfte einwirken, sollte der Atem immer bis in den Bauch- und Beckenbereich dringen können, da dann eine tiefgreifende Auflösung eingeleitet werden kann. In der Ruhephase dauert die Ausatmung nicht selten doppelt so lange wie die Einatmung. Am Ende der Ausatmungsphase kann scheinbar eine kurze Pause entstehen, bevor der Körper wieder geneigt ist, Luft zu holen. Doch auch diese Phase ist wichtig, da aus den feinstofflichen Körpern Energie ausgeatmet wird und diese Zeit ruhig zugelassen werden sollte. Der Mensch ist über den Atem mit den höchsten Kräften verbunden, ebenso wie über den Herzschlag, der durch das Reizleitungssystem am Herzen, den Sinusknoten, aktiviert wird.

Der Atem bringt nicht nur Sauerstoff in den Körper hinein, sondern Kohlensäure als Kohlendioxid wird ausgeatmet, gewissermaßen als Stoffwechsel-Abfallprodukt.

Man kann an den materiellen Entsprechungen immer wieder erkennen, wie wichtig die dahinter liegenden energetischen Ebenen sind. So kann ein Mensch bis zu vierzehn Tagen ohne Nahrung bleiben, drei Tage ohne Wasser, aber nur etwa drei Minuten ohne Sauerstoff. Hört der Atem oder der Herzschlag auf, ist kein körperliches Leben mehr möglich. Alles ist fließende und sich bewegende Energie. Entsteht Bewegungslosigkeit, wird das innere Leben weichen und das Absterben und die Umwandlung setzt ein. Durch den Atem berührt der Mensch die höchsten Kräfte, und nicht von ungefähr wurden in allen Überlieferungen die höchsten Wesen in den Bereichen der Lüfte oder des Himmels angesiedelt.

Wenn in der Meditation ein bestimmtes Thema erarbeitet werden soll, sollte man sich dies zuvor bewusst machen, damit der Inhalt von der eigenen geistigen Führung vorbereitet werden kann.

Hat man den Wunsch, sich mit den höheren Kräften tiefer zu verbinden oder bittet man um Erkenntnisse, sollte man sich auch dies zuvor bewusst machen. Vielleicht möchte man auch gar nichts aus Eigenwillen, sondern möchte nur loslassen und die innere Führung entscheiden lassen, was geschieht. Im Grunde ist auch die bewusste Meditation eine Art des Geschehen-Lassens, jedoch sind die Vorgaben genau strukturiert und eine konkrete Bitte wird geäußert.

Die Meditation ist nicht mit einem Gebet gleichzusetzen, jedoch sollte immer um den Schutz der höchsten Kräfte gebeten werden. Man bittet um Schutz und Führung aus der geistigen Welt und gibt sich vertrauensvoll in den Strom dieser Energien. Über dem Brustbein, mittig, knapp unter den Ansätzen des Schlüsselbeins, im Bereich des Thymus, zeigt sich ein silbernes Zentrum, welches sich in der jetzigen Zeit besonders ausprägt. Es ist nicht das Herz-Chakra, hat aber starke Verbindungen dazu. Über dieses Zentrum öffnen sich verstärkt Zugänge zu den höchsten Christus-Kräften, und nicht selten sieht man Menschen, die über dieses Zentrum eine starke Verbindung in höhere Ebenen aufgebaut haben. Auch untereinander sind diese Menschen seit einiger Zeit stärker über dieses Zentrum verbunden. Es stärkt ein neues Bewusstsein, an dessen Aufbau viele Menschen bereits beteiligt sind. Die Ausbildung dieses Zentrums verursacht manchmal sogar körperliche Schmerzen mit Ziehen und einem starken Druckgefühl, was aber auf die Dehnung der Körperenergetik und das stärkere Einstrahlen der Christus-Kräfte zurückzuführen ist.

Einen ganz starken Schutz baut die Bitte um das Einströmen der Christus-Kraft in dieses Silberzentrum auf. Sie erzeugt in der Aura ein wundervolles Bild. Es entsteht, gleichsam wie aus dem Nichts, meist etwa zwei Meter vor dem Menschen, eine silbern leuchtende Wolke, aus der heraus in das Silberzentrum hinein diese herrliche Energie fließt. Sie funkelt nicht nur leuchtend, mit goldenen

Anteilen darin, sondern sie vermittelt auch ein starkes Gefühl von Würde, Hochachtung und Liebe. Strömt diese Energie in das Zentrum ein, verteilt sie sich bald im ganzen Körper, strömt gleichzeitig nach oben in den Kopfbereich, zu den Armen, nach unten zu allen Organen und in die Beine. Sie erzeugt Entspannung und das Gefühl des Geschützt-Seins. Dieses Gefühl sollte einige Zeit empfunden werden, bevor man zum Beispiel gedanklich und gefühlsmäßig in die Situation, mit der man sich beschäftigen möchte, hineingeht und sie wirken lässt. Ganz bewusst sollte einige Zeit das Gefühl der Entspannung und Liebe wahrgenommen werden.

Nun versucht man, sich die gegebene Situation genau vorzustellen und fühlt tief in sie hinein. Die Annahme der unguten Gefühle ist jetzt besonders wichtig, da so lange in die Emotionen hineingefühlt werden sollte, bis nichts mehr davon übrig bleibt. Zeitgleich bittet man die Christus-Kräfte um Auflösung und Harmonisierung. Die Suche nach den Hintergründen bestimmter weltlicher Geschehnisse lässt die persönliche Intuition reifen. Schrittweise werden die Verbindungen in die feinstofflichen Welten aufgebaut, und auch wenn es manchmal so scheint, als sei ein Erfolg noch lange nicht in Sicht, so geschieht auf geistiger Ebene doch bedeutend mehr, als man in manchen Momenten vermutet.

Die individuelle Dauer einer Meditation bleibt jedem selbst überlassen, und man wird mit der Zeit feststellen, dass man ein sehr gutes Gefühl dafür entwickelt, wann sich der richtige Zeitpunkt zum Abschluss einer Meditation zeigt.

Nachdem gedanklich alle Themen ausgesprochen und gefühlsmäßig angenommen wurden, übergibt man das Geschehen seiner geistigen Führung. Immer wieder denkt man auch an den Atem, damit er harmonisch fließen kann. Man versucht vollkommen loszulassen, um die Selbstheilungskräfte des Körpers und die heilenden Energien für die feinstofflichen Körper aktiv werden zu lassen. Man vertraut und versucht Gefühle der Dankbarkeit zu empfinden, was nicht immer gleich gelingt, jedoch immer angestrebt werden sollte. Verläuft eine Verarbeitungssituation besonders heftig, kann es lange dauern, bis sich gefühlsmäßig wieder Ruhe und Frieden einstellt. Es erweist sich als hilfreich, wenn der Aspekt des Vergebens immer wieder einfließen kann.

An Ende einer Meditation kann ein Dank ausgesprochen werden. Ein Dank an die Geistwesen in den lichtvollen Ebenen, aber auch an die Helfer in den uns näheren Welten. Der Dank gilt dem Schutz und der Liebe der göttlichen Wesen für die Durchlichtung der Erdengeschehnisse. Jede Meditation kann den Menschen näher an die höchsten Kräfte bringen und ihn in seinem spirituellen Fortschritt unterstützen. Durch die persönliche Zuwendung an diese Lichtwesen werden Verbindungen geknüpft, die der gesamten Entwicklung auf Erden dienlich sind.

Hat man die Liebe und die lichtvolle Energie aus den höheren Ebenen empfangen und fühlt sich dadurch besonders erfüllt, kann man darum bitten, dass diese lichtvollen Energien auch anderen Menschen oder Tieren geschenkt werden, so weit es der große Plan des Lebens erlaubt. Hier kann der Mensch der göttlichen Führung vertrauen, welche die Liebe, die weitergegeben werden darf, auch weitergeben wird.

Zum Abschluss der Meditation stabilisieren einige sehr tiefe Atemzüge die astralen Bereiche, falls sich diese gelockert haben, und festigen die Energiefelder des Körpers. Die feinstofflichen Verbindungen der Auren untereinander stabilisieren sich. Wenn dies durchgeführt wurde, lässt man die nun wieder mit geöffneten Augen wahrnehmbare Außenwelt einwirken und macht sich bewusst, dass man im Hier und Jetzt das Leben wahrnehmen möchte und ist dankbar für die geistige Führung, die einem zuteil wurde.

Die Meditation muss sich nicht immer über eine lange Zeit erstrecken, es genügen manchmal schon Minuten der Hinwendung an die höchsten Kräfte und ein verbesserter Energiestrom wird fühlbar.

Es ist nicht von entscheidender Bedeutung, auf welche Art und Weise der Mensch den Zugang zur Gottesnähe findet, solange er auf dem PFAD bleibt. Wichtig ist allein zu erkennen, dass alles Leben ein Ausdruck von Bewusstsein und Energie ist.

IV. DIE MACHT DER WORTE

Jeder Gedanke und jedes Gefühl stellen eine starke Quelle der Kraft dar, die in der feinstofflichen Welt eine sichtbare Form annehmen, wobei das ausgesprochene Wort jedoch nochmals eine intensivere Auswirkung erreicht. Selbstverständlich ist das Wort immer Ausdruck von Gedanken und Emotionen, jedoch ist das gesprochene Wort durch die Schwingung in der grobstofflichen Welt, in Verbindung mit dem Klang der Stimme, die stärkere Manifestation.

Dies war in früheren Zeiten genau bekannt, denn das gesprochene Wort besaß große Bedeutung. Etwas zu versprechen, bedeutete die Fixierung und natürlich auch die Bindung an den Inhalt der Worte. Das Wort eines ehrlichen Menschen beinhaltete die Rechtschaffenheit und die Anständigkeit des Sprechers.

Die Möglichkeit zu sprechen, sich in solch vielfältiger Weise auszudrücken, ist nicht nur als Mittel für die zwischenmenschliche Kommunikation gedacht, es dient auch der Schwingungserzeugung, die den Menschen mit den höheren Kräften verbinden kann. Wenn man die Kommunikation in höheren Existenzebenen erlebt und betrachtet, so wirkt die Erdensprache sehr dürftig. Die faszinierende Vielfalt in den geistigen Ebenen lässt sich mit den körperlichen Sprachwerkzeugen und Worten nur unvollkommen ausdrücken. Und doch ist es möglich, eine höhere Energie auch über das Wort fließen zu lassen.

Natürlich kann im Gegenzug zur positiven Ausrichtung auch die dunkle Seite angezogen werden, so wie es mit fast allen Dingen auf diesem Planeten möglich ist.

Ein interessantes Phänomen ist die Energie von sehr üblen Worten. Hinter dem Geflecht vieler bekannter Ausdrücke und Schimpfwörter hängt eine ganz bestimmte Wesenheit, die sich von wütender, verachtender und manchmal sogar bösartiger Energie ernährt. Viele Menschen haben dieses Wesen geprägt, und es gelingt ihm, meist junge Menschen, die sich in einer Orientierungsphase befinden und somit sehr empfänglich sind, in sein Wirkfeld zu zwingen. Mit jedem Aussprechen der bestimmten Worte wird dem Sprecher von dieser Wesenheit ein Gefühl von Stärke und Überlegenheit vermittelt, welches ihm das kurzzeitige Gefühl gibt, endlich auch einmal überlegen und stark zu sein. Jedoch ist dies ein trügerischer Bonus, denn tatsächlich saugt das Wesen die Energie ab, die durch Zorn und Ärger, vielleicht sogar durch die Verachtung des Sprechers, in der jeweiligen Situation entstanden ist. Sobald dieses Wesen eine Möglichkeit sieht, wird es immer versuchen, den „Energie-Lieferanten" in Situationen und Gefühlszuständen zu halten, die ihm ein gutes Abziehen von Energie erlaubt. Sehr häufig gerät man durch Unachtsamkeit oder Unüberlegtheit in die Situation, dass man sich an den Ausspruch von bestimmten Worten sogar *gewöhnt* hat. Jedoch ist diese *Gewöhnung* auch das Wirken dieses Wesens, welches schon ein bisschen in der jeweiligen Aura des Menschen *wohnt*. Wenn solche Worte sehr laut und heftig ausgesprochen werden, kann man sehr schnell fühlen, wie sich die Energie im Raum verändert. Liebevolle feinstoffliche Wesen werden sich in solchen Momenten aus der jeweiligen Umgebung entfernen, da sie mit diesen Energieströmen nicht konfrontiert werden möchten. Es liegt am Menschen selbst, wie er seine Worte einsetzt.

So werden auch über bestimmte Musikrichtungen meist zu Jugendlichen Zugänge erreicht, indem zuerst über melodische Klänge eine Öffnung in die Seelenstruktur geschlagen wird und dann mit starken Trommelwirbeln und aggressiven Zerrtönen das Eindringen dunkler Kräfte in das persönliche Energiefeld eingeleitet wird. So werden im Feinstofflichen sichtbare Energienetze gewoben, die den jungen Menschen immer mehr in die Dunkelheit ziehen sollen, wodurch eine Beeinflussung und das Ausleben niederster Eigenschaften gefördert werden.

Am Klang einer Stimme kann man zum Teil sehr deutliche Rückschlüsse auf die derzeitigen emotionalen Hintergründe eines Sprechers ziehen, ebenso kann man hören, wie stark eine Seele mit irdischen Verhaftungen oder höheren Kräften verbunden ist. Es ist bekannt, dass man sich mit der Stimme in die Herzen der Menschen hineinsingen kann. Die Seelen öffnen sich und man kann die Nähe zu den höchsten Kräften besser fühlen. In der sakralen Musik kann man dies deutlich erkennen, wenn sie mit dem angemessenen geistigen Hintergrund und der inneren Zuwendung gespielt und gesungen wird. Je mehr Menschen in der gleichen Seelenausrichtung und in innerer Andacht mitsingen, umso stärker kann sich eine enge Anbindung an die höheren Kräfte entwickeln und diese berührt werden. Dies erhebt die Herzen im wahrsten Sinne des Wortes.

Ebenso versuchen Menschen mit listigen Worten, in weichen, schwingenden Tönen, ihre Mitbürger zu beeinflussen und zu beherrschen. Dann dringen wabenartige, in ihrem Inneren gewundene dunkle Energien nicht nur über das Ohr in den Menschen ein, sondern es wird auch versucht, über die Herzensebenen oder den Solarplexus einzudringen.

Auf unbewusster Ebene vermittelt das weiche, zarte Sprechen ein Gefühl des Vertrauens und der Geborgenheit. Nicht selten wird dies rücksichtslos ausgenutzt, nicht nur von feinstofflichen Wesen, sondern auch von der Werbung und von Gruppierungen, die ihre Vorstellungen anderen Menschen aufdrücken möchten. Das Wort *beeinflussen* macht dies sehr deutlich. Es fließen fremde Zugriffe ein und versuchen, ihren Inhalt und ihre Macht auszuüben.

So viele Gesichter, so viele verschiedene Körperstrukturen; so viele verschiedene Fingerabdrücke es gibt, so viele verschiedene Stimmen gibt es. Dies hängt von der Seelenreife oder den Belastungen ab, die eine Persönlichkeit noch zu verarbeiten hat. Ein Mensch, der sich im Stress befindet, spricht meist hektischer und höher; mischt sich Angst ein, wird die Stimme abgehackt und kann sogar versagen. Menschen in Angst und Schrecken werden hysterisch und sprechen hoch und unnatürlich. Das macht den Einfluss deutlich, den der gedankliche und emotionale Hintergrund ausübt. So wirkt nicht nur das gesprochene Wort, sondern auch die Stimm(ungs)lage.

Wenn ein Mensch immer wieder negative Gedanken hegt, wird ihm dies mit der Zeit starkes Unbehagen bereiten und die mentalen Felder werden wieder zur Auflösung drängen. Werden die Gedanken sogar ausgesprochen, verbindet sich der entsprechende Inhalt noch intensiver mit der materiellen Ebene. Sagt zum Beispiel ein Mensch immer wieder: „Meine Arbeit macht mich krank!" oder „Das halte ich im Kopf nicht aus!" oder „Davon wird man ja wirr!" – so wird sich, da jeder Gedanke zur Verwirklichung seines Inhaltes drängt, der Inhalt des gesprochenen Wortes mit großer Kraft zu verwirklichen versuchen. Die Gedanken und Emotionen möchten dem Menschen dienlich sein und werden alles daran setzen, um ihren Schöpfern zu dienen. Auch wenn im Tagesbewusstsein so mancher alte Satz schon gar nicht mehr wahrnehmbar ist, so ist er dennoch gespeichert und wird sich zu verwirklichen suchen. Nicht nur mit der Wiederholung in Gedanken oder dem erneuten Fühlen innerhalb von Situationen werden feinstoffliche Felder und Kräfte aufgebaut, sondern vor allem in Verbindung mit dem gesprochenen Wort erhalten sie ihre große Macht. Wird häufig der Ausspruch getan: „Die Arbeit macht mich krank!", so werden diese Worte von den Mitmenschen ebenfalls gehört. Sie werden aufgenommen und als die Wahrheit für den Mitmenschen angenommen und damit gleichzeitig verstärkt. Auch hier macht sich der Wiederholungseffekt bemerkbar. Wird es einmal gesagt, weil der Mensch einen schlechten Tag hat, kann sich solch ein Gedankengebilde schnell wieder auflösen. Wird es aber öfter mit starkem emotionalen Hintergrund ausgesprochen, werden auch die Menschen, die es hören, aktiviert, das Feld zu verstärken, was auch tatsächlich geschieht.

Wenn ein Kollege bei der Arbeit täglich ausspricht, dass er dem Chef einen Unfall an den Hals wünscht oder ihm sonst etwas Unangenehmes geschehen soll, so wird solch ein übler Wunsch mit der Zeit versuchen, von jedem Menschen, der diese Worte hört, unterstützt zu werden. Dies kann dann auf einer unbewussten Ebene durchaus geschehen, und man beteiligt sich somit an den üblen Wünschen von anderen. Deshalb sollte man solche Aussprüche auch nicht zum Anhören dulden, da unweigerlich ein Kontakt geschaffen wird und man somit schnell beteiligt sein kann. Solche unangenehmen Felder suchen sich mit Vorliebe Mittäter, damit sie eine Rechtfertigung haben, dass der Mitmensch ja genau so ist und denkt.

Jegliches negative Denken, Aussprechen und Hören verdunkelt die Aura und wird eine gewisse Zeit darin abgespeichert. Je öfter über bestimmte Dinge gesprochen wird, umso stärker werden die Felder. Mit der Zeit kann sich durch das Aufnehmen von fremder Seelenenergie innerhalb dieser Felder eine Eigenständigkeit entwickeln, was bewirkt, dass der Mensch sodann auch von den fremden Gedanken beherrscht und geleitet wird, die er für seine eigenen hält. Sehr oft bleiben sie in den unbewussten Ebenen sehr lange erhalten. Dann kann es geschehen, dass man das Gefühl hat, dass sich immer wieder Negatives ereignet, obwohl man doch inzwischen das Beste will.

Ebenso können energetische Bindungen entstehen, wenn man sich etwa verbal und emotional zu stark an eine bestimmte Art von Diät klammert und diese auch seinen Mitmenschen aufdrängen möchte. Sehr schnell entsteht Euphorie, und Euphorie ist immer ein Übertreten der Schwingungsordnung und muss wieder ausgeglichen werden. Da dies meist mit Schmerz geschieht, kann man sicher sein, dass man wieder 'heruntergeholt wird'. Auch hier zeigt der Ausdruck, dass die Schwingung zu hoch wallt, man mit der Energiewelle nach oben schießt und ein Ausgleich erreicht werden muss.

Hat man sogar bestimmte Dinge *steif und fest* behauptet oder anderen scheinbare Wahrheiten über Wirkungsweisen oder Erfahrungen nachgesprochen, die man gar nicht kontrollieren kann, so verbindet man sich noch stärker mit diesen Feldern. Jede aktuelle Wahrheit kann sich morgen durch eine neue Erkenntnis verändern. Aussagen sollten immer offen gelassen werden, mit Worten wie: „So hat man mir gesagt; so habe ich es erfahren; oder so glaube ich es persönlich." Dann ist man immer frei von Bindungen und muss auch hier nicht mühsam die Verknotungen lösen, die man sich geknüpft hat. Sollte eventuell durch irgendeine Behauptung bei einem anderen Menschen ein gesundheitlicher Schaden eingetreten sein, so ist man, wenn man nicht dem Mitmenschen die Entscheidung überlässt, sondern seine eigenen Vorstellungen durchdrückte, in gewisser Weise auch dafür verantwortlich. Das kann sehr unangenehme Folgen haben.

Es ist sehr interessant, dass man die Worte *steif und fest* ganz genau so in der Aura eines Menschen beobachten kann. Er verhärtet sich in steifen Vorstellungen, und die sonst klaren und frei fließenden Energien werden fest und können schwerer fließen. Dies sind eigenwillige Vorgänge und behindern die höhere Freiheit des Menschen.

Das nächste Problem besteht darin, dass durch das Behaupten

von und Verbinden mit bestimmten Vorgaben sofort eine Verbindung in die geschaffenen Felder, in unserem Beispiel von Diätvorschriften, geknüpft wird. Verleiht man solchen weltlichen Dingen zu großen inneren Wert, übergibt man gleichzeitig eine innere Energie, welche diese Felder sehr gerne aufnehmen. Der Mensch wird dann auch selbst über die Verbindungen beeinflusst, und das Feld versucht, seinen „Jünger" zu behalten.

Hat nun ein derart angebundener Mensch ein Gespräch mit einem anderen, der sich von der genannten Diät einfach nicht überzeugen lassen möchte, sondern frei und nach seinen eigenen Vorstellungen abnehmen will, kann sich sehr schnell ein ganz bestimmter unangenehmer Effekt zeigen. Der Mensch, auf den der energetische Druck ausgeübt wird, wehrt sich dagegen mit Worten, die eine starke emotionale Abwehrenergie beinhalten. Diese trifft jetzt mit voller Stärke den Menschen, der so heftig die genannte Diät vertritt. Wäre dieser frei, so könnte er die Ablehnung hinnehmen und akzeptieren, da er aber angebunden ist an das Feld, welches nunmehr den Gegen-Angriff erkennt, fühlt er sich automatisch mit angegriffen, was seinem Energiefeld natürlich schadet. Somit ist der Mensch stets mit den Vorgängen in solchen Feldern verbunden, manchmal noch Jahre, nachdem er bereits andere Wege eingeschlagen hat. Auch kann sich in solch einem Gespräch ergeben, dass das Feld selber reagiert; und da es in diesem Moment nur über den angebundenen Menschen reagieren kann, wird es diesen benutzen, um über ihn zu wirken. Dann kann es geschehen, dass dem Menschen, der jener Diät so vehement widerspricht, mit großer Aggression begegnet wird, die aber letztendlich aus dem Feld fließt und den sich angegriffen fühlenden Menschen in Aktion versetzt. So wird der Mensch manchmal Spielball bestimmter Kräfte, ist sich dessen aber in keiner Weise bewusst. Dann steht das Umfeld oder die Familie dem Geschehen irritiert gegenüber und weiß sich keinen Rat, um den lieben Menschen wieder davon zu lösen.

Deshalb ist bei den Worten, die ausgesprochen werden, immer große Sorgfalt geboten. Sie können binden, den anderen in seiner Freiheit einschränken und Felder aktivieren, die zu weiterer Unfreiheit führen.

Ein sehr dunkler Bereich in der Geschichte der Menschheit ist die Schwarze Magie. Sie ist der Ausdruck des stärksten Eigenwillens und den Menschen natürlich nicht wohlgesonnen. Im Mittelalter wurden viele Menschen mit einem so genannten Fluch belegt und dadurch manipuliert. Starke und todbringende Worte wurden mit großer Wirksamkeit ausgesprochen.

Heutzutage ist diese alte Magie zum Glück kaum noch aktivierbar, doch sind bestimmte Ausläufer noch immer existent. Nicht verkörperte Wesen sind teilweise auf diesem Planeten unterwegs und versuchen andere Menschen zu motivieren, um die alte Kraft teilweise wieder zu beleben. Sprechen nun solch „heim"gesuchte Personen (sie werden in ihrem weltlichen Heim, dem Körper, aufgesucht) einen üblen Wunsch aus, so wird dieser Wunsch sofort mit alter Kraft aufgeladen, damit er seine Wirkung entfalten kann.

Ein Beispiel soll aufzeigen, wie stark sich alte Verwünschungen und Flüche noch auf die derzeit inkarnierten Menschen auswirken können.

Eine Frau wünschte sich mit ihrem Mann Kinder, und sie taten alles, um ihren sehnlichsten Wunsch nach Nachwuchs zu verwirklichen. Die Frau hatte noch drei jüngere Schwestern, und diese hatten alle Kinder bekommen. Auch war die Frau vor ihrer Heirat sehr schlank gewesen und hatte eine gute Figur besessen. Kaum war die Hochzeit jedoch vorbei, nahm sie gewaltig an Gewicht zu und konnte sich keinen Reim darauf machen. Zeitgleich zeigte sich auch beruflich ein großes Problem. Die junge Frau hatte eine neue Mitarbeiterin bekommen, mit der die Konflikte und Streitigkeiten nicht aufhören wollten. Immer wieder erwischte sie sich in ihren Gedanken dabei, wie sie dieser Frau die schlechtesten Wünsche an den Kopf werfen wollte. Zum Glück war sie sich der Kraft der Gedanken und Worte bewusst und versuchte immer wieder, gegen ihren inneren Zorn vorzugehen.

Es zeigte sich, dass die Familie der Frau mit der Familie ihrer Kollegin im Mittelalter einen familiären Krieg ausgetragen hatte. Beide Familien hatten mit Hilfe von starken magischen Kräften den Kontrahenten Flüche und Verwünschungen wie: „Du sollst deinem Mann nie ein Kind gebären." und „Du sollst fett und unansehnlich werden!" an den Kopf geworfen. Keiner konnte bislang verzeihen und vergeben, und der energetische Krieg hatte sich über viele Generationen hinweg fortgesetzt. Die genannte Frau versuchte nun, aktiv gegen den von ihrer Familie übertragenen Energiestrom, der sich immer auf die Erstgeborene übertrug, anzugehen und diesen aufzulösen. Sie war selbst in einer früheren Inkarnation an den Anfängen dieses Familienkrieges beteiligt und konnte aufgrund ihrer eigenen Entwicklung hin zur Liebe und der Entfaltung höherer Tugenden diese alten Verwünschungen zur Auflösung bringen.

Immer wieder entschuldigte sie sich auf geistiger Ebene bei der anderen Familie und arbeitete mit den in ihr selbst vorhandenen Resten von Zorn.

Es dauerte dennoch zwei Jahre, bis die Felder sich langsam auflösten, aber sie fühlte, dass sie hier einen großen Beitrag für das Familienkarma erreichen konnte und dieses nicht mehr auf die zukünftigen Kinder übertragen werden musste.

Auch mit Behauptungen, die hartnäckig aufgestellt werden, sollte man immer vorsichtig sein. In der Auswirkung auf die Aura kann man solche *hart-näckigen* Behauptungen im Bereich des Nackens als Verhärtung erkennen. Verknüpft man sich mit einer Behauptung und verstärkt mit persönlicher Kraft diese im weiteren Verlauf, so stellt man sich über die Meinungen und Einsichten von anderen Menschen. Man glaubt, nur die eigene sei richtig, vergisst jedoch, dass auch der andere Recht haben kann; zumindest aus seiner Sicht. Es ist von der geistigen Führung gewünscht, dass jeder Mensch seine eigenen Erfahrungen macht und seine Wahrheit erkennt. So ist es zwar wichtig, zu den eigenen Erkenntnissen zu stehen und diese auch als für sich selbst richtungsweisend zu erkennen, jedoch sollte dem Menschen immer bewusst sein, dass er nur aus dem momentanen Erkenntnis- und Wissensstand heraus handeln kann, der sich im weiteren Verlauf seiner Entwicklung verändern wird. Ist man sich sicher, so wie die geistigen Wahrheiten einmal als sicher anerkannt werden können, so darf man auch darauf vertrauen und diese vertreten, in der klaren Einsicht, dass dies die persönliche Meinung ist und das Gegenüber das Recht auf seine eigene hat. Eine solche Einstellung zeugt von wahrer Größe, indem man den anderen Menschen lassen kann und sich nicht „einmischen" muss in sein Energiefeld, um dieses zu verändern. Ansonsten vermischen sich tatsächlich die feinstofflichen Energieströme, und der Mensch ist nicht mehr frei in seiner Entfaltung.

Jeder Mensch wird von seiner geistigen Führung geleitet und erhält zur rechten Zeit alle Hinweise, die er benötigt, und wenn er bereit ist, wird die Wahrheit für jeden offenbar werden. Das bedeutet natürlich nicht, dass man immer still sein und alles hinnehmen sollte. Es bedeutet vielmehr, dass man beim richtigen Anlass sehr wohl seine Meinung darlegen kann, in Freiheit und Respekt, damit die andere Seite das daraus ersehen kann, was für sie richtig ist. Wird ein Mitmensch nur überzeugt, ohne die eigene Wahrheit darin zu finden, wird die Überhäufung von Energie als Druck von außen bald wieder zerfallen und man hat den persönlichen Erkenntnisprozess unnötigerweise verlängert.

Wenn man diese Gesetzmäßigkeiten erkannt hat und lebt, wird

dieses Wissen und diese Wahrheit in den feinstofflichen Ebenen immer und sofort auf das Umfeld übertragen. Im Austausch der Auren, wenn sich Menschen begegnen, wird der Mitmensch immer davon profitieren und kann eine noch unbewusste Erkenntnis zu gegebener Zeit umsetzen. Auch das globale kollektive Feld profitiert von persönlicher Reife und wird mit der Zeit auf die höheren Werte eingestellt.

Die Worte „nie" oder „niemals" sind am besten zu vermeiden, da man durch sie eine solche starke Fixierung von Energie in der betreffenden Situation erreicht, dass man diese, wenn sie sich verändert, mühsam wieder korrigieren muss. Am besten lässt sich dies mit der Aussage „aus heutiger Sicht" oder „so sieht es momentan aus" vermeiden. So muss man sich auch aus geistiger Sicht nicht rechtfertigen, wenn man sich später aufgrund von weiterer innerer Entwicklung entscheidet, Dinge doch anders zu tun. Benutzt man das Wort „nie" mit großer Kraft, wird dies im persönlichen Energiefeld der Aura gespeichert und als harte, schwer veränderliche Energiekonzentration mitgeführt. Wird eine Energie durch eigenwillige Entscheidungen verhärtet, kann die geistige Führung mit ihren freien und feinen Energien darin nicht wirken, da der freie Wille des Menschen an oberster Stelle steht. Personen, die viele harte Aussagen getroffen haben, können im Alter ein sehr verhärmtes Gesicht zeigen und sind starr und unnachgiebig. Die gedanklichen Verhärtungen wirken sich auch auf das Knochengerüst aus, es kann verhärten und porös werden. Auch die weiche Knochenneubildung lässt nach.

Manchmal kann man bei Ehepaaren, die ihre Konflikte nicht aussprechen und dadurch verarbeiten, sehen, dass diese, wenn sie mit anderen Menschen zusammen kommen, ihren Ehepartner mit Bösartigkeiten attackieren. Es liegen derart viele unausgesprochene Konflikte, also nicht mit Worten geklärte Situationen vor, dass diese ein so starkes Druckpotenzial erreicht haben, um bei der ersten Gelegenheit auf den anderen überzuspringen.

So hört man dann: „Ach, mein Mann hört sich nie an, was ich zu sagen habe." Oder „Wenn sie nur einmal dies oder jenes täte..." „Mein Mann sagt immer viel, aber tun wird er es sowieso nicht." Dies alles geschieht vor dem Partner, damit er es auch hört, was durchaus auch als Hilfeschrei gewertet werden kann. Manchmal steigert sich dies zu spitzen, verletzenden Bemerkungen, die gar nicht enden wollen und auch das Gegenüber in Unbehagen versetzen. Diese verbalen Ausfälle sind energetische Angriffe, die das Energiefeld des Partners stark schädigen können, da dieser sich vor den anderen vielleicht nicht zur Wehr setzen möchte. Es sind Seitenhiebe, die sehr deutlich ausdrücken, was sich in der Aura ereignet. Energien, gefüllt mit Bösartigkeit und Zorn, treffen den Partner und schlagen eine Schneise in sein Energiefeld.

Der Partner wird dann behaupten, dies habe ihn verletzt, und er hat absolut Recht damit. Die gesprochenen Worte waren eindeutige energetische Schläge, die sein System nachhaltig verletzten. In einer Partnerschaft ist man für seinen Partner meist energetisch stark geöffnet, was unter anderem auch mit dem sexuellen Kontakt zusammenhängt. Deshalb ist es sehr wertvoll, entstandene Situationen vielleicht am „runden Tisch" zu Hause zu klären. Vielleicht kann man einmal in der Woche eine Aussprache von allen unangenehmen Dingen durchführen, damit auch eine energetische Klärung das Heim durchfluten kann und die höheren Kräfte wieder frei fließen können.

Von großer Bedeutung sind die Worte, die man für Kinder verwendet. Kinder brauchen durchaus eine konsequente Führung und wollen wissen, wie weit sie gehen können. Sie möchten ihre Grenzen erfahren. So wie die Verkehrsregeln erlernt werden müssen, so ist es ebenso in der Entwicklung einer Seele. Die stärksten Richtlinien können in der Kindheit gegeben werden. Hört ein Kind immer: „Das kannst du nicht!" oder „Das machst du sowieso nicht richtig!" oder wird es mit seinen Ideen nicht ernst genommen, kann sich eine große Blockade einstellen und die Energien können in ihrem freien Fluss eingeschränkt werden. In den frühen Entwicklungsjahren können die gröbsten Verhärtungen entstehen und dem Menschen bis ins hohe Alter größte Schwierigkeiten verursachen. Deshalb ist es so wichtig, dass mit den Kindern bewusst, liebevoll und dennoch konsequent umgegangen wird. Es ist wichtig, die Kinder positiv zu motivieren, genauso wie es wichtig ist, ihnen auch zu sagen, wenn etwas nicht in Ordnung war. Kinder haben ein sehr genaues Gespür für Wahrheit und werden erkennen, wenn das Lob nicht ernst gemeint ist oder die Bewertung etwas anderes ist, das hinter dem Wort eher verborgen liegt. Sie ertragen dann viel lieber Worte wie: „Da musst du noch ein bisschen üben" oder „Meinst du nicht, dass du dies ein bisschen liebevoller und mit mehr Engagement machen solltest?" Kinder sind für das offene Wort sehr dankbar. Es ist schön anzusehen, dass Kinder, wenn sie angenommen und akzeptiert werden, keine Abwehrmauern aus ablehnender Energie gegen die Erwachsenen errichten, da sie ja nicht dauernd eingeschränkt sind, an ihnen nicht er"ziehend" herumgezogen wird, sondern sie geführt werden. Dann werden die Kinder auch durch die Aufmerksamkeit der Eltern mit der notwendigen Energie versorgt und behütet. Sie brauchen sich nicht ihr Leben lang um äußere Zuwendung und Aufmerksamkeit bemühen, damit es ihnen einigermaßen gut geht.

Im Zusammenhang mit der Kraft der Worte ist noch zu erwähnen, dass Worte, wenn sie nicht mit dem geistigen und emotionalen Hintergrund übereinstimmen, starke Disharmonien erzeugen können. Das beinhaltet zum einen, dass eine ausgesprochene Lüge im Bewusstsein des Mitmenschen momentan vielleicht ein Problem verzögert hat, andererseits wird auf geistiger Ebene jedoch große Verwirrung angerichtet, denn die Seele weiß immer Bescheid. So kann nur der Verstand belogen werden, nie jedoch das Innere eines Menschen. Ist das Gegenüber mit seiner Intuition stark verbunden, wird es sofort fühlen, dass mit einer Aussage etwas nicht in Ordnung ist. Die betroffene Person wird mit einem meist sehr unguten Gefühl in ihrem Inneren gewarnt. Somit ist der Lügner für das unguten Gefühl im Gegenüber verantwortlich, genauso wie er die Konsequenzen seiner Lüge wieder harmonisieren muss, und zwar je nach Stärke des Vorgehens.

Wenn jemand in einer bestimmten Situation von großen Ängsten heimgesucht wird oder sich in ihm in wiederholten Situationen immer bestimmte Gefühle zeigen, können diese nicht gelöst werden, indem einfach ein Feld von Gegenkraft aufgebaut oder das Problem verdrängt wird. Alles, was im Leben geschieht, soll dem Menschen etwas aufzeigen. Es ist wichtig, dies anzunehmen und den Hintergrund zu erfahren. Wird dennoch einfach gesagt: „In dieser Situation habe ich keine Angst mehr!" oder „Ich fühle mich immer wohl!", so kann nie der Hintergrund erkannt werden. Es wird ein neues Abwehr- und Verdrängungsfeld aus Gedanken- und Gefühlskraft aufgebaut, was es immer wieder abzubauen gilt. Wird die innere Wahrheit missachtet und nur eine neue Lüge aufgebaut, so ist es, als zöge man sich eine saubere Kapuze über schmutzige Haare und ginge einfach weiter. Aber wenn einmal der irdische Leib abgelegt wird, wird auch die Kapuze fallen, und alle Verdrängungen zeigen sich mit einem Mal. Nichts kann mehr versteckt werden, und die Energie, die benutzt wurde, um anstehende Probleme zu verdrängen und zu verdecken, muss ebenfalls mühsam wieder aufgelöst werden. Es ist somit ein sehr mühevolles Unterfangen, was sich in der jenseitigen Welt dem Menschen offenbart.

Ein weiterer wichtiger Punkt in der Wahl der Worte ist die Art und Weise, wie der Mensch über andere Menschen spricht. Beschwert man sich bei seinem Nachbarn über einen anderen Nachbarn und verwendet dabei die Worte und somit die Energie des Zornes und der Verurteilung, wird dieser energetische Angriff im Unbewussten von der betroffenen Person in jedem Fall gefühlt. Auch wenn diese das unangenehme Gefühl, das sie beschleicht, nicht definieren kann, wird sie es innerlich mit Sicherheit wissen, da alle Menschen miteinander verbunden sind und somit ein geistiger Kontakt besteht. Nicht selten wird nach einer solchen Schimpfattacke ein schlechtes Gewissen gefühlt, wenn der beschimpfte Nachbar vorbeigeht, da man im Inneren erkennt, dass der andere in seinem Inneren die Wahrheit ahnt. Auch muss man keine Bedenken haben, dass ein derartiges Vorgehen an den Betroffenen herangetragen wird, wenn man sich gar nicht auf ein solches Vorgehen einlässt. Es liegt in der Natur vieler Menschen, sich über andere zu unterhalten, sie zu verurteilen und sich gerne von anderen in solch ein Gespräch mit hineinziehen zu lassen. Nicht selten ist der Mensch angefüllt mit Aggression und Unzufriedenheit, die er durch die verbalen Attacken auf den Beschimpften abwirft und zugleich versucht, sein Inneres in der Art abzulenken, dass in anderen das Üble gesucht wird, um sich somit zu bestätigen, dass die anderen ja auch „schlecht" sind.

Manchmal ist es angebracht, sich über andere Menschen zu unterhalten, jedoch sollte der innere Respekt und die Achtung eingehalten werden, genauso wie man es sich von den anderen auch für sich wünscht. Sobald man intensiv über Etwas oder Jemanden spricht, wird sofort ein energetischer Kontakt hergestellt. Es ist kein Problem, einmal darüber zu sprechen, dass einen vielleicht sein Partner verletzt hat, jedoch sollte möglichst immer der Respekt vor der Seele eingehalten werden, denn es bleibt nicht aus, wenn ein anderer Mensch „verletzt" oder „durch den Dreck" gezogen wird, dass dies spätestens in der geistigen Welt wieder ausgeglichen werden muss.

Wenn man die Energie der Ehrlichkeit in der Aura eines Menschen betrachtet, zeigt sich ein wunderbares, starkes, strahlendes Gebilde, welches mit Kraft und Stabilität für sich einstehen kann. Versucht nun eine fremde Energie dieses Feld umzuwerfen, indem behauptet wird, etwas Gesagtes würde nicht stimmen, so kommt es in keiner Weise gegen das starke Gebilde der Ehrlichkeit an. Der Mensch wird gestützt und getragen von der geistigen Welt.

Werden von einem Menschen Aussagen getroffen, in denen zum Beispiel das Erzählte in großem Maße übertrieben wird und somit andere Menschen in die Irre geführt oder Schlechtes über Mitmenschen gesagt wurde, was gar nicht stimmte, kann eine klare innere Energie nicht aufrecht erhalten werden. Sie beginnt zu schwanken, und die höhere Kraft kann keinen Halt mehr bieten. Es tritt ein starker Energieverlust ein, und der klare Blick aus den Augen kann nicht mehr erwidert werden. Die Persönlichkeit kann sich mit Lüge und Falschheit sehr wohl eine Weile halten, aber das eigene Innere verliert immer mehr den Zugang zu den höheren Ebenen und wird nicht mehr gestützt. Die Stimme wird brüchiger und die Festigkeit und Klarheit lässt stark nach. Selbst stimmliche Unterbrechungen mitten im Satz können die Folge sein. Die Aura sieht in einigen Bereichen energetisch verzogen, dunkelgrau und braun-trüblich aus und beinhaltet manchmal unförmige, manchmal kantig und eisern wirkende Gedankengebilde mit dunkler Färbung.

Wenn man sich selbst fragt, wie man denn gerne im Gespräch behandelt werden möchte, zeigt sich sicher bei allen Menschen, dass sie gerne so angenommen werden möchten, wie sie sind. Es geht darum, dass nicht nur das Gegenüber seine Belange, seine Ideen, Vorstellungen und Erlebnisse erzählt, sondern dass man auch selbst etwas sagen kann, was auch den Gesprächspartner interessiert. Es ist wichtig, das einem nicht immer das Wort abgeschnitten wird, damit der andere sich alles von der Seele reden kann. Viele Menschen lassen den anderen gar nicht aussprechen oder zeigen fast kein Mitgefühl. Da fällt es natürlich schwer, sich angenommen zu fühlen. Jedoch kann man selbst beginnen, die Lage zu verändern, indem man den anderen annimmt und ihm vielleicht etwas Schönes sagt. Natürlich nur, wenn man es auch tatsächlich so fühlt, ansonsten muss die Falschaussage im Energiefeld des Gegenübers ja wieder mühsam gelöscht werden. Ein liebes Wort kann jedoch Wunder bewirken und auch den anderen zum Nachdenken bewegen. Dazu gehört allerdings, dass man sich nicht nur in Selbstverstrickung und Ich-Umkreisung befindet, sondern die Welt bereits aus einer erhöhteren Wahrnehmung heraus betrachten kann. Mit dieser Einstellung wird man in vielen Belangen eine große Mithilfe für die geistige Welt, und es dreht sich nicht alles um die eigene Aura und um die eigenen Bedürfnisse. Das bedeutet nicht, dass man sich auf jedes Gespräch einlassen sollte, denn das würde große Energiemengen verschlingen und vielleicht sogar den unangenehmen Schwätzer nur noch mehr aktivieren. Es kann in der Regel sehr schnell gefühlt werden, wenn man seiner Intuition vertraut, wann und mit wem sich ein offenes Gespräch führen lässt. Dann bleibt nach dem Gespräch niemand übrig, der sich überladen und unwohl fühlt, sondern beide Parteien gehen mit einem guten Gefühl auseinander. Immer, wenn die höheren Energien fließen, werden nicht nur die Nehmer gespeist, sondern auch die Geber.

Es erscheint vielleicht mühsam, sich auf die vielen geistigen Gesetzmäßigkeiten zu besinnen und sich ihnen zu stellen, es ist jedoch eine Gnade und eine wundervolle Möglichkeit der seelischen Reifung, der persönlichen Verarbeitung und der Hinwendung an die höchsten Kräfte, wenn man die Wahl der Worte und den Umgang mit ihrer Energie immer mehr an geistigen Werten auszurichten vermag.

V. DIE AUSWIRKUNGEN VON ENERGIEFELDERN IM ALLTAG

Die Verbindung mit höheren Energiefeldern bietet die Möglichkeit zu verstärkter Inspiration seitens der geistigen Führung. Dies ist hilfreich, um das persönliche Aura-Feld von Fremdeinflüssen zu befreien und die persönlichen Klärungsprozesse zu unterstützen.

Besonders in der gegenwärtigen Umbruchssituation des Planeten bietet sich so stark wie vermutlich noch niemals zuvor die Möglichkeit, karmische Altlasten und negative Bindungen zu lösen. Gleichzeitig wird die Zuwendung zu den höchsten geistigen Kräften unterstützt und gefördert. Zu den einschneidenden persönlichen und globalen Prozessen kommen für die meisten Menschen noch der alltägliche Arbeitsstress und die Unruhe in Wirtschaft und Gesellschaft dazu. Es ist nicht leicht, den Weg der Ruhe und des Friedens zu gehen, aber jedes Bemühen und das Nach-innen-sehen verstärkt den persönlichen Zugang zu den lichten Kräften sowie die Möglichkeiten, dadurch auch das kollektive Feld zu verändern. Dies geschieht nicht nur im Laufe des Tages durch Erlebnisse und Erfahrungen, sondern auch durch die Prozesse in der Nacht. Manchmal vollziehen sich diese Abläufe sehr unbewusst, ohne bestimmte Erinnerungen, etwa an einen Traum oder eine Erkenntnis in den frühen Morgenstunden. Die nächtlichen Geschehnisse sind jedoch genau so wertvoll wie die bewussten Wahrnehmungen und Erkenntnisse des Tages. Nicht alles muss von den bewussten Wahrnehmungsbereichen der Persönlichkeit durchlebt werden. So können sich karmische Lasten, die durch Bewusstwerdung bereits überwunden werden konnten, sowie persönliche Emotionsfelder, Gedankengebilde oder seelische Bindungen in der Nacht zu lösen beginnen. Vielleicht denkt man dann während des Tages an diese Ereignisse, da Reste von Gedanken und Emotionen noch in der Aura wirken, jedoch muss dies nicht immer der Fall sein.

Es geschieht auch, dass über den Traum unbewusste Persönlichkeitsteile des Menschen Situationen ein weiteres Mal verarbeiten, manchmal sogar viele Male, bis die Situation erkannt und gelöst wurde.

Ganz deutlich ist in der jenseitigen Welt zu beobachten, dass manche Menschen nach ihrem Leibestod nur sehr schwer von der Stelle kommen, da sie immer und immer wieder die gleichen unguten Situationen gedanklich und emotional erleben, bis sie diese endlich annehmen und lösen können. Dies mag grausam erscheinen, ist jedoch eine gute Möglichkeit, um unverarbeitete Prozesse zu bewältigen oder persönliche Charakterzüge zu erkennen und umzuwandeln.

Diese Welten sind teilweise ganz persönliche astrale Aufbauten, in denen sich die abgespaltenen Seelenteile aufhalten, bis sie wieder durchlichtet wurden. Die Gründe dafür können sehr unterschiedlich sein. Manche Menschen wagen es nicht, Schmerz anzunehmen, manche fühlen sich unverstanden und manche wollen ihren Hass und ihre Lieblosigkeit einfach nicht aufgeben. Bleiben abgetrennte Seelenteile in solchen astralen Bereichen hängen, kann die Gesamtseele noch nicht weitergehen, da sie natürlich nichts von sich zurücklassen darf. Das Leid ist groß in manchen dieser Welten, aber es würde nichts nützen, diese Seelenteile gewaltsam herauszuholen, da der Sinn ihres Dortseins von ihnen noch nicht erkannt wurde. Sie werden jedoch immer von der geistigen Welt begleitet, und beim ersten Gefühl der Veränderung und Liebe wird ihnen beigestanden, ihre Felder aufzulösen.

Ein gutes Beispiel, um diese Gesetzmäßigkeit zu erklären, war der Untergang der Titanic. Von vielen der damaligen Opfer wurde in der astralen Welt gemeinsam eine Titanic erschaffen, die immer wieder unterging und die Betroffenen das ganze Leid immer wieder durchleben ließ. So etwas geschieht häufig, wenn das Unglück von Menschenhand bösartig manipuliert wurde, sei es aus Profit oder Machtgier oder um mächtige und einflussreiche Konkurrenten zu beseitigen. Eine derartige Vorgehensweise ruft bei vielen Seelen starke Verwirrung hervor, und das Leid strömt durch die böse Absicht bis weit in die astralen Welten hinein. Es war ein bewegender Anblick in den feinstofflichen Ebenen, wie durch den Kino-Film „Titanic", der aus weltlicher Sicht für Profit und Umsatz gedreht wurde, eine segensreiche Auflösung dieser Astralwelt eingeleitet werden konnte und viele der damals inkarnierten Seelen, die inzwischen wieder in einer neuen Persönlichkeit verkörpert waren, alte traumatische Bindungen auflösen und die frei gewordenen Seelenteile wieder in ihre Gesamtpersönlichkeit aufnehmen konnten. Immer, wenn durch große Lieblosigkeit viele Menschenleben ausgelöscht werden, wird dies von empfindsamen Wesen gefühlt und als schmerzlich empfunden. Dem Menschen wird innerlich bewusst, dass er mit dem Ganzen verbunden ist, und alles, was erfahren wird, Auswirkungen auf diese Ganzheit besitzt. So kann umgekehrt natürlich auch die gesamte Menschheit mithelfen, solche Wunden Einzelner zu heilen.

Wären am 11. September 2001 nicht so viele geistige Helfer in New York anwesend gewesen und hätten nicht sehr viele inkarnierte Seelen, bewusst und unbewusst, intensiv mitgeholfen, um die stürmischen Energiewogen zu glätten, wäre vermutlich auch für dieses Ereignis eine konzentrierte astrale Form gebildet worden. Es blieb jedoch nicht aus, dass die Energien des Schocks und der Panik, ebenso wie Empfindungen tiefsten Mitgefühls und ehrlicher Solidarität, durch die Straßen vieler Städte zogen. Es war eine unglaubliche Mischung tiefster Bösartigkeit und völliger Menschenverachtung durch die Täter und gleichzeitig höchsten Mitgefühls und Liebe für die Opfer, ohne Ansehen von Land und Herkunft. Für viele Menschen war dieses Ereignis eine Möglichkeit der Erkenntnis, und nicht wenige konnten diese Chance nutzen, um ihre Gedanken und Emotionen tiefgreifend zu verändern. Ohne diese Katastrophe, die von der geistigen Welt zugelassen wurde, wäre die kollektive Erkenntnismöglichkeit, wohin Menschenhass und Machtstreben führen können, nicht entstanden, gleichgültig wer letztendlich die eigentlichen Drahtzieher des Anschlages waren. Viele der Seelen, die dort mit ihren Persönlichkeiten anwesend waren, waren darauf vorbereitet, und für einige war es auch eine tiefe persönliche Erkenntnis und Auflösung von altem Karma. Es waren nicht wenige Seelen darunter, die sich speziell für dieses „Opfer" inkarniert hatten. Es sollte ein Weckruf für ihre Seelengeschwister auf diesem Planeten sein und eine Möglichkeit der inneren Umkehr aufzeigen. Dies ist auch zur Erleichterung der geistigen Welt für viele Seelen gelungen, wenngleich es in den weltlichen Auswirkungen derzeit noch nicht vollständig erkennbar ist. Sollte einer der Menschen, die in den Türmen des World Trade Centers umkamen, nicht anwesend sein, so hatte dieser etwas vergessen, war krank oder wurde irgendwie verhindert. Auch wenn auf der weltlichen Ebene das Chaos herrschte, so war doch auf geistiger Ebene eine vollkommene Intelligenz mit der Bewältigung des Geschehens befasst.

Das Schmerzhafte für Betroffene und Angehörige bei derartigen Katastrophen soll hier keinesfalls geschmälert werden, doch vermag das Wissen um die geistige Führung in der Regel Trost zu schenken.

Es sind noch immer viele Furcht erregende feinstoffliche Felder vorhanden, und auch von den beiden letzten Weltkriegen sind in den erdnahen Ebenen noch immer Seelenteile unterwegs, die im Leid verharren. Jedoch steht immer eine geistige Führung bereit, um zu helfen, wenn Hilfe angenommen werden kann. Viele Seelenteile aus den Kriegen sind noch erdgebunden und durchstreifen die Kriegsschauplätze oder Friedhöfe im sehr nahen Astralfeld und versuchen sich an ähnlich geprägte Energiestrukturen zu klammern. So könnte der Eindruck entstehen, es handele sich um arme Opfer, jedoch ist mancher der angetroffenen Seelen eine Art Krieglust zu eigen gewesen, die sie zuerst einmal aufarbeiten sollte. Manche konnten sich noch nicht der göttlichen Hilfe zuwenden oder nicht vergeben und müssen die Erfahrung von Leid erleben. Kein Mensch erhält irgendeine Strafe. Jeder wird immer am rechten Platz und zum richtigen Zeitpunkt dort sein, wo er zu sein hat und wo die Seele es für das Erdenleben, etwa zur Erlangung größeren Mitgefühls oder der Erkenntnis über die Auswirkungen von Macht, selbst gewählt hat.

Geistige Verarbeitungsprozesse in der Nacht verlaufen nicht immer gleich intensiv. Manchmal werden mehr, manchmal weniger Bereiche berührt. In einer Nacht mit sehr intensiven Prozessen können sich gräuliche Energiewaben aus dem Körper lösen, die auch nach dem Aufstehen an der gleichen Stelle liegen bleiben, an welcher der Körper schlief. Der Stoffwechsel des Körpers verarbeitet in solch einer Nacht sehr viel Energie, und über die Körperflüssigkeit, die sich dann teilweise in der Matratze befindet, wird ein Großteil dieser nicht sehr angenehmen Verarbeitungsenergie nach außen gebracht. Nicht nur die Bakterien im Mund und im Verdauungstrakt sind nachts wirksam, auch feinstoffliche Reinigungen und Stoffwechselprozesse, die Energie verbrauchen, sind aktiv. Nicht selten sind diese mit ganz besonderen Gerüchen verbunden, die sich sehr individuell ausdrücken. So kann man aufgrund des dortigen Bakterienstoffwechsels nicht nur aus dem Mund stärker riechen, sondern aus dem ganzen Körper. Aus diesem Grund ist es sehr vorteilhaft, Bett und Matratze stets gut zu lüften, häufig zu reinigen und selbst eine Matratze nicht zu lange in Gebrauch zu halten. Hier sollte der energetische Aspekt dem finanziellen vorgezogen werden. Auch wenn man bedenkt, wie viele Stunden man im Bett verbringt, sollte man diesem viel mehr Bedeutung beimessen. Schlafanzug und Bettwäsche sollten nach 'ereignisreichen Nächten' nach Möglichkeit gewechselt werden und auch in 'ruhigeren Zeiten' sollte dies lieber öfter als zu wenig geschehen. Die Materialien sollten möglichst natürlich sein, da dies sonst zu zusätzlichen energetischen Belastungen und zu Disharmonien führen kann und die Mithilfe aus höheren Welten behindert würde. Im Kapitel über die Kleidung (VII) wird darauf noch genauer eingegangen. Nach dem Aufstehen empfiehlt es sich, das Bett nicht gleich abzudecken, sondern unbedingt auslüften zu lassen, damit die Kräfte von Luft und Licht hilfreich wirken können.

Da sich eine bestimmte Art irdischer Energiefelder, die wie Waben aussehen und mit Vorliebe in der Aura des Menschen hängen, ausschließlich von Restenergien karmischer Prozesse ernähren, kann es sein, dass diese dem Menschen beim Aufwachen das Gefühl vermitteln, an diesem Morgen lieber nicht zu duschen, weil die Waben ansonsten durch die Energie des Wassers abgewaschen werden würden.

Auch aus diesen Gründen ist es sinnvoll, sich vor dem Aufstehen auf die Christus-Kraft einzustimmen, um immer mit ihr verbunden zu sein.

Man lege sich auf den Rücken, die Füße unbedingt nebeneinander und nicht über Kreuz. Die Arme werden nach rechts und links ausgestreckt, bis auf Schulterhöhe, und die Handflächen nach oben gewendet. Mit einigen tiefen Atemzügen versuche man die

Liebe und Kraft der Christus-Energie in den Bauch einzuatmen, die sich sodann im ganzen Körper verteilen kann.

Zusätzlich kann man folgendes Gebet verwenden.

Unendliche Schöpferkraft,
aus tiefster Seele bitte ich Dich um Führung für diesen Tag.
Bitte erfülle mein Herz und meine Gedanken
mit schöpferischer Liebe und schenke mir
Frieden und Harmonie mit Deiner Schöpfung.
Bitte durchdringe mich mit Deiner Kraft, damit
alle Belastungen der Nacht in Liebe gelöst und
verarbeitet werden. Möge die höchste Christus-
Kraft mein Energiefeld reinigen und mich von
allem Fremden in meiner Aura befreien.
Bitte stehe mir bei, die Aufgaben des Tages gut
zu bewältigen, und sende mir Liebe und Kraft,
damit ich die Versuchungen erkennen und
deren Wirkungen auflösen kann. Bitte behüte
die Menschen, die mir nahe stehen. Behüte alle
Menschen, alle Tiere und alles Leben
in allen Daseinsebenen.
Aus tiefstem Herzen danke ich Dir für Deine
Liebe und sehne mich danach, immer mehr von
Deiner Liebe durch mich fließen
lassen zu dürfen.
Danke.

Die Worte können ganz individuell nach den jeweiligen Glaubensvorstellungen gewählt werden und sollten am besten immer die gleichen sein. So bildet sich mit der Zeit ein stabileres energetisches Gefüge, welches von sich aus mit der Zeit mithelfen und den Vorgang stärken kann, wenn man sich selbst einmal nicht sehr stark fühlt. Jedoch sollte immer das Herz in den Worten mitschwingen, da sie ansonsten die höheren Ebenen nicht erreichen können und auch die Helfer, die den Menschen umgeben, nicht mitwirken und eingreifen können, wenn nicht die notwendige Liebe und Demut vorhanden ist. Wird diese morgendliche Ausrichtung beendet, sollten die Hände zuerst zusammengefaltet werden. Nachdem dieses ausgeführt wurde, eine Geste, welche beide Gehirnhälften zu gemeinsamer Arbeit aktiviert, sollten die Hände mit gestreckten Fingern aneinander gelegt werden. Diese Haltung verbindet den Energiefluss zwischen den Chakras, und der Energiestrom an der Wirbelsäule wird ausgerichtet. Dann werden die zusammengelegten Hände so an den Herzbereich geführt, dass die Hände den Körper berühren und die Spitzen der Finger Richtung Kinn zeigen. Dies stellt nochmals eine besondere Energieverbindung her und aktiviert Demut und Gottesnähe. Mit einigen tiefen Atemzügen wird die Energiearbeit beendet.

Zu Beginn des spirituellen Weges und auch beim jeweiligen Durchschreiten eines nächsthöheren Bewusstseinstores erlebt man nicht selten, dass zuerst die damit verbundenen persönlichen „Dämonen" und manchmal auch fremde Wesen befreit und gelöst werden müssen. Dies macht sich manchmal dadurch bemerkbar, dass sich in der Nacht diese Einheiten in das Aura-Feld, vorzugsweise über der Brust, setzen, und der Mensch hat in diesem Moment das Gefühl, als würde ihm die Luft abgedrückt. Manche Einheiten versuchen auch tatsächlich, die astrale Energiezufuhr für den Menschen zu unterbinden und diesen zu schwächen, um ihn letztlich wieder beeinflussen zu können. Nicht selten wird dies als astraler Angriff gewertet. Tatsächlich aber ist es meist die Aktivierung von eigenen Gedankengebilden, die durch den spirituellen Bewusstseinsweg neu belebt werden und sich durch diese Aktivierung wieder auf das Ganze ausrichten können. Der Mensch selbst spürt dann die Angst dieser Gebilde, die sich auf ihrem Weg und in ihrem Programm gestört fühlen und sich gegen diese Störung wehren möchten. Sie reagieren aus Selbsterhaltungstrieb. Wird dies verstanden, kann sofort mit Liebe geantwortet werden, und schon bald kann eine Einstimmung erfolgen. Bei derartigen astralen Angriffen reagieren nicht wenige Menschen ganz automatisch mit dem „Vater unser", so wie es von den Kirchen gelehrt wird, und sind erstaunt über die rasche Wirkung, die dieses Gebet einleitet. Hier sieht man ganz deutlich, wie stark in diesem Fall die Kraft dieses Gebetes wirkt, auch wenn man selbst nicht gänzlich hinter den weltlichen Worten, die darin enthalten sind, steht.

Manchmal erscheinen Gebete so, als würden sie stets von schwachen Menschen gesprochen, die sich nicht selbst helfen können oder schwächlich wirken, ohne eigene Lebensenergie. Dies ist jedoch sicher nicht der Fall. Ein Mensch muss, um beten zu können, bereits sehr viel an sich gearbeitet haben, ansonsten könnte er nicht den Eigenwillen, der sich stets so gut und wichtig fühlt, so umgewandelt haben, um zu erkennen, dass wir ohne die Kraft Gottes nichts sind. Es ist das tiefe Wissen und die Erfahrung meist vieler Leben und Ereignisse, die es einem Menschen gestatten, wirklich und wahrhaftig zu beten. Mit Beten ist somit nicht das Nachsprechen von Worten gemeint, sondern die Öffnung des Herz-Chakras, damit die höchsten Gotteskräfte durch den Menschen wirken können. „Der Vater tut alle Dinge durch mich", hat Jesus Christus immer wieder gelehrt. Er war als Mensch fähig, höchste Energien fließen zu lassen, und jede Sekunde seines Lebens war eigentlich ein Gebet. Er stand immer in Verbindung zur Gottheit. Selbst den letzten Rest menschlichen Überlebenswillens übergab er am Kreuz dem Allerhöchsten. Durch diese Tat vollständiger Hingabe öffnete er das Tor in die geistige Welt, und wenn der Mensch reif sein wird, kann er die Worte erfüllen: „Ihr aber folget mir nach." Das gesamte Ausmaß der Erlösertat von Jesus als Christus kann der Mensch erst dann vollständig erfassen, wenn er selbst kurz vor der Vollendung steht.

Wenn die Worte für das Morgengebet gesprochen sind, sollte man versuchen, Liebe und Dankbarkeit zu empfinden, um sich im Schutz der geistigen Welt wohl und geborgen zu fühlen.

Beim Verlassen des Schlafzimmers kann man eine gute Energie freisetzen, wenn man liebevoll das Zimmer betrachtet, vor allem das Bett, welches einem die Nacht über als Ruhestätte gedient hat. Dann sollte man den Raum segnen und den geistigen Helfern danken, welche den Menschen die Nacht über behütet haben. Abschließend bittet man die Christus-Kraft um die Auflösung verbliebener negativer Energien.

Die liebevolle Betrachtung des Bettes mag zuerst seltsam erscheinen, jedoch ist jegliche Materie eine Verdichtung von Energie und somit eine Lebensform. Sie ist die Verdichtung einer geistigen Kraft, die selbst auf dem Weg zur Liebe ist und im Dienst für die Menschen wirkt. Der Mensch ist mit der Christus-Kraft innig verbunden, und wenn die Materie in Liebe betrachtet wird, kann diese die Kraft und Liebe empfangen. Sie ist sehr dankbar dafür, und so kann der Mensch mithelfen, die Materie um ihn herum zu erhöhen und in eine höhere Schwingung zu versetzen. Die Materie wird es mit ihrer Form der Liebe danken. Es wird nicht mehr lange dauern, dann wird die Entwicklung der Geräte beendet sein, mit denen die Schwingungen der verschiedenen Materiequalitäten wahrgenommen werden. Bei der Betrachtung von so genannter „Materie" lässt sich in der Aura anhand der Vibrationen und Schwingungen ganz eindeutig wahrnehmen, dass die Zuwendung zweifelsfrei empfangen wird und positive ebenso wie negative Energien aufgenommen werden.

Wie groß war anfänglich die Irritation, als Menschen mit ihren Tieren sprachen oder ihren Kühen Musik vorspielten. Dann setzte sich das Wissen durch, dass Pflanzen mit Liebe und Zuwendung besser wuchsen; und bald wird man immer klarer erkennen, dass jegliche Materie empfindungsfähig ist. Der Mensch steht auch mit ihr in immerwährendem energetischen Austausch, und es geht eine gegenseitige Einflussnahme vor sich. So darf es auch niemanden verwundern, wenn sich für den Menschen verstärkt ein Unbehagen oder auch körperliche Krankheiten einstellen, wenn seine Handlungen und Maßnahmen gegen das Bewusstsein des Planeten gerichtet sind, indem sie auf Ausbeutung und Vernichtung der Natur abzielen.

So wie Pflanzen mit der Liebe des Menschen besser wachsen und sich entfalten, so bleibt auch dichtere Materie besser in ihrer dienenden Form erhalten und hilft mit ihren Ausstrahlungen mit, das Leben effektiver zu meistern, wenn sie mit positiven Gedanken bedacht wird. Viele Probleme im Alltag der Menschen sind auch darauf zurückzuführen, dass sie mit den verschiedenen Bereichen der Materie nicht in Harmonie schwingen. Das kann erhebliche Ausmaße annehmen und dazu führen, dass zahlreiche Bemühungen zur Erreichung bestimmter Ziele fehlschlagen. Daran lässt sich ablesen, wie verbunden das irdische Energiegefüge ist. So kann es vorkommen, dass an manchen Tagen nichts gelingt, weil die Einstellung des Menschen falsch ist. Die energetische Gesetzmäßigkeit dahinter ist die, dass man mit der Materie in diesem Moment auf 'Kriegsfuß' steht. Der Mensch ist eingebunden in eine Stressenergie und zeigt keinen Sinn für etwas Liebevolles. Entsprechend reagiert das Umfeld, und zwar ganz besonders dann, wenn die Seele eigentlich in Harmonie mit den materiellen Gegebenheiten schwingen könnte und dies im Normalfall auch tut. Die Auswirkungen hängen von der Fähigkeit des Menschen ab, Liebe zu empfinden, und je mehr er in der Lage ist, mit seinem Umfeld in liebevoller Verbindung zu stehen, umso positiver reagiert auch die Materie. Wenn dies nicht der Fall ist, fällt die Reaktion entsprechend negativ aus. Hier wird deutlich, wie wichtig es ist, die alltäglichen Dinge des Lebens liebevoll und dankbar zu betrachten.

Nicht selten geht ein Gerät kaputt, nachdem man sich entschlossen hat, ein neues zu kaufen. Besonders in Geräten und Autos können sich Kräfte manifestieren, die sich mit persönlichen Wesensteilen des Menschen, der diese 'Materie' besitzt, vermischen. So wie sich in jedem Haus und jeder Wohnung ein Wesen bildet, entsprechend der Menschen, die dort leben, so sieht man auch in den meisten Autos, dass sich dort empfindsame und dem Menschen wohlgesonnene Einheiten befinden. Nicht selten zeigen sich auch stolze Gedankenformen des Halters darin, die jedoch auch in gewisser Weise das Fahrzeug behüten können.

In einem Auto wird sehr viel erlebt. Der Mensch ist achtsam, denn sein Leben hängt am Funktionieren des Autos und an seiner persönlichen Wachsamkeit. Beim Autowechsel ist es energetisch notwendig, alle persönlichen Gedankenformen vor der Übergabe an sich zu nehmen. Dies sollte ganz bewusst und mit vielen liebevollen und dankbaren Gedanken geschehen. Am besten ist es, wenn man ihnen bereits ein neues Auto anbieten kann. Diese Auto-Elementale können geradezu beleidigt werden, und nicht selten gehen die Autos sofort nach Besitzerwechsel kaputt oder es werden riesige Reparaturen notwendig. Man kann selbst spüren, wenn man bewusst mit einem Auto fährt, das einem nicht gehört, dass dies noch mit vielen Irritationen und Blockaden einhergeht. Erst mit der Zeit wird der neue Fahrer von der alten Gedankenform akzeptiert und kann den Wagen richtig handhaben. Daher ist es sinnvoll, das Elemental eines Autos zu begrüßen und sich ihm vorzustellen, wodurch sofort ein liebevoller Kontakt geknüpft und die Schwingung harmonisiert wird. Wenn man sich geschäftlich oder privat auf einer Reise ein Auto ausleiht, kann man nicht selten beobachten, dass man häufig, der darin beinhalteten Gedankenform entsprechend, respektloser mit dem fremden Eigentum umgeht und man letztlich froh ist, wenn man das fremde Auto wieder zurückgeben kann. Es ist erfüllt von fremder Energie, die selten eine innere Ordnung aufweist. Je teurer ein Auto ist, umso mehr wird sich die Vermietungsfirma um das Auto kümmern, also Energie einbringen, was sich sofort positiv auf den „Energiehaushalt" des Fahrzeuges auswirkt.

Nicht selten spürt man geradezu einen Schmerz, wenn man ein Auto, welches man lange gefahren hat, zurückgibt. Leichte Wehmut und Dankbarkeit für die sichere Fahrt sind angemessen, aber Schmerz sollte nicht auftreten. In diesem Fall kann man sicher sein, dass noch persönliche Seelenteile in dem Auto hängen. Für die Gesamtheit einer Seele ist es sogar sehr wichtig, abgespaltene Seelenteile zurückzuholen. Nicht selten sagt ein Mensch, der noch eine Bindung zu seinem alten Auto, also zu seinen Seelenteilen verspürt, dass er immer noch an sein altes Auto denken muss. Wo mag es sein, und wer fährt es wohl? Das sind klare Hinweise, dass man seine Gedankenformen und Seelenteile zurückholen muss. So kann es geschehen, dass man sich auch deshalb unwohl fühlt, weil der neue Besitzer des Wagens sein Leben voller Hass lebt und die eigenen Seelenteile im Auto als Energiebringer vom Energiefeld des neuen Fahrers aufgesogen werden und diesem zu dienen haben. Dadurch entsteht Leid, und der eigentliche Inhaber der Seelenteile wird dieses schmerzlich fühlen. Jedoch ist es immer möglich, hier die eigentliche Ordnung wiederherzustellen. Mit Dankbarkeit kann man sich bewusst machen, dass Schmerzen auch hier dem Menschen den Hinweis geben, etwas zu tun, da etwas nicht in Ordnung ist.

„Wo der Schmerz ist, ist der Weg!"

Deshalb darf man ruhig einmal liebevoll auf sein Auto klopfen, auch wenn der Nachbar wieder einmal überlegt, ob sein Gegenüber noch ganz 'bei Trost' ist.

Bereits bei der täglichen Morgendusche kann schon bewusst mit Energiefeldern umgegangen werden.

Es ist empfehlenswert, sich mit den Fußsohlen fest auf den Boden der Dusche zu stellen und beide Arme nach oben zu heben, die Handflächen an die Decke gewendet. So entsteht eine Verbindung zwischen der Erde und den höheren Welten. Das Wasser wird von vielen als reinigendes Element empfunden, was es auch tatsächlich ist. Wasser ist überaus empfänglich für Schwingungen der Liebe und kann seine göttliche Segenskraft voll entfalten, wenn es in Liebe und Dankbarkeit angenommen wird. Schon bevor es aus dem Duschhahn auf den Körper tropft, wird es mit starker Reinigungskraft versehen. Diesen Vorgang sollte man sich bewusst machen und den Geist des Wassers und die Christus-Kraft offenen Herzens annehmen. Man kann auch darum bitten, dass sich die Strukturen im Wasser so umwandeln, dass es, mit seiner reinen Lichtkraft versehen, alle Schlacken und energetischen Verunreinigungen vom Körper abwäscht. So wird nicht nur der materielle Körper gereinigt, sondern auch die körpernahen feinstofflichen Ebenen. Anhängende Energiewaben und Karma-Felder können durch diesen Vorgang schneller verwandelt und Reste abgewaschen werden. Ganz besonders gerne hängen sich Fremdenergien in den Haaren fest und versuchen von dort aus auf das menschliche Energiesystem einzuwirken und dieses zu beeinflussen. In früheren Zeiten wurde der Haarpracht ganz besondere Bedeutung beigemessen. Ein volles Haar galt als Quelle der Kraft. Im Haar können sich tatsächlich viele Energien sammeln, besonders jene weltlicher Macht. Auf dem Weg zum göttlichen Licht bedarf man ihrer jedoch nicht.

In früheren Zeiten symbolisierten die Haare Gesundheit und Kraft, sie wurden als persönliche Energieträger für magische Zwecke missbraucht, und selbst das innere Wissen, dass in den Haaren Stoffwechselprozesse sichtbar sind und persönliche Prozesse in den Haaren eingewoben sind, war bereits vorhanden.

Als Zeichen des Abgebens von allem Persönlichen und als Zeichen der Demut und Hinwendung zum Göttlichen ließen sich spirituelle Sucher und Mönche die Haare abschneiden.

Die Haare können auch im Alltag sehr viel fremde Energie aufnehmen und sind von zahlreichen persönlichen Vorgängen betroffen, da sie sich direkt über dem wichtigen Kronen-Chakra befinden und etliche Prozesse sich im Kopfbereich abspielen.

Viele sensorische Punkte sind an der Kopfhaut verteilt, und eine Reihe energetischer Prozesse laufen hier zusammen. Nicht selten kann man schon von der Frisur auf die Person schließen. Die Haare sind energetisch sehr bedeutungsvoll, und man kann oft beobachten, dass man sich nach dem Haarewaschen und Fönen beträchtlich besser fühlt. So dient das Waschen und Schneiden der Haare nicht nur der Reinigung aus körperlicher, sondern vor allem auch aus feinstofflicher Sicht. Man kann oft feststellen, dass sich Menschen bei veränderten Lebenssituationen auch neue Frisuren zulegen. Dies signalisiert Erneuerung und Veränderung. Für Männer ist das tägliche Haarewaschen meist etwas leichter, aber für Frauen stellt es nicht selten eine aufwändige Aktivität dar. Darum sollte versucht werden, die Energiefelder des Kopfes ganz bewusst den Reinigungskräften zu übergeben, was man durch ganz gezieltes Waschen des Gesichtes erreichen kann und indem man anschließend symbolisch über den ganzen Kopf streift, von der Stirn bis zum Nacken.

Die Gesichtsmuskulatur ist ein ganz besonderer Ort, an dem sich Emotionen mit Vorliebe zeigen. So sieht man bei älteren Menschen im Gesicht, welche Gefühle sie vorwiegend empfunden haben. Ob es ein verhärmtes Gesicht ist oder ob sich lustige Lachfalten darin befinden. Ist der Mensch ärgerlich, verzerren sich die Gesichtsmuskeln entsprechend. In glücklichen Zeiten strahlen höhere Kräfte über das Gesicht auf die Umwelt aus. Da sich in der Nacht sehr viele Emotionen zeigen können und die Energiefelder sich gerne an das Gesicht hängen, sieht man am Morgen „verknittert" aus. Daher ist es ganz besonders wertvoll, sich am Morgen auf die Reinigung des Gesichtes auch aus geistiger Sicht zu besinnen. Mit Liebe und Dankbarkeit sammelt man das Wasser in beiden Händen und lässt es über das Gesicht laufen. Man kann meist sofort spüren, dass man nun wieder bewusst bis in die Hüfte atmen kann, wo man vorher nur bis zum Magen kam. Fremde Energien und dichte Karma-Felder erschweren das Durchatmen, doch es ist sehr wichtig, den freien Atem zu gewährleisten. Über den Atem ist der Mensch in besonderer Weise mit den Gotteskräften verbunden, und fremde Energiefelder machen sich diesen Umstand mit Vorliebe zu Nutze, um diese Verbindung zu stören und ihren negativen Einfluss besser ausüben zu können. Auch in den Zähnen lagern sich Emotionen und karmische Lasten ab, zumal sie bestimmte Zuordnungen zu den Organsystemen anzeigen, die in energetischer Verbindung zu den entsprechenden Zahnwurzeln und Zähnen stehen.

Nach der körperlichen Reinigung kann über das Wasser noch ein besonderer Vorgang eingeleitet werden. Über das Chakra-System werden die aus den feinstofflichen Ebenen aufgenommenen Energien an der Wirbelsäule zusammengeführt, von wo sie, diese kreisförmig umfließend, nach oben steigen. So bilden die unteren vier Chakras ein harmonisches Gefüge, welches sich mit den oberen drei Chakras verbindet. Ein wichtiges Zentrum ist dabei der rückwärtige Bereich des Hals-Chakras, über den viele zurückkehrende Seelenteile der Persönlichkeit sich wieder mit dem Gesamtsystem verbinden. Diese Seelenteile haften manchmal eine Weile im Genickbereich, bis der Mensch innerlich vorbereitet wurde, um ihnen wieder Einlass zu gewähren. Diesen Vorgang machen sich mit Vorliebe auch fremde, den Menschen beeinflussen wollende Energiefelder und Gedankenformen zu Nutze und versuchen, hier immer wieder einzudringen. So können Zorn, üble Gedanken, Neid und vieles mehr, was von anderen Personen ausgeht, im Genick hängen. Die ankommende Energie wird manchmal wie ein Keulenschlag empfunden. Der Volksmund drückt dies sehr treffend aus, indem er sagt: „Mir hängt heute wieder alles im Genick" oder „Es war wie ein Schlag ins Genick" oder „Da hat dich wohl einer im Genick gepackt."

In der gesamten Wirbelsäule verlaufen außerordentlich wichtige Energieprozesse. Auch ist die Aura im hinteren Bereich nicht so gut geschützt wie von vorne. So versuchen sich viele Fremdenergien „von hinten" einzuschleichen, um das Energiegefüge zu stören. Der Mensch kann sich ebenso wie er sich auf der materiellen Ebene von Staub, Schmutz und Ungeziefer freihält, genau so klärend auf der emotionalen und gedanklichen Ebene verhalten.

Mit der nachfolgend beschriebenen Vorgehensweise kann man zum einen die persönlichen Prozesse unterstützen, zum anderen fremde Anhaftungen entfernen.

Man kann den Duschkopf in die Halterung stecken und den Rücken am Wasserstrahl entlang führen oder man lässt den Duschstrahl von Hand ganz bewusst immer wieder langsam auf dem Rücken, vom oberen Bereich der Halswirbelsäule bis hinunter zum Steißbein und wieder nach oben, langsam hinauf und hinab gleiten. Man macht sich dabei bewusst, was man mit diesem Vorgang erreichen will, nämlich eine Reinigung der Wirbelsäule, eine energetische Unterstützung aus der geistigen Welt, die Nähe zur Gotteskraft sowie die Loslösung von fremden Einflüssen. Für all dieses bittet man die Christus-Kraft um Unterstützung. Schon nach wenigen Sekunden kann gefühlt werden, wie das Sonnengeflecht beginnt, emotionale Lasten von der Wirbelsäule aufzunehmen. Das Herz klopft stärker, da sich die nun aktive Christus-Kraft darin verstärkt, aktiv harmonisiert und reinigt. Die Dauer dieses Prozesses wird individuell unterschiedlich gefühlt, zumeist wird das Pochen des Herzens nach kurzer Zeit wieder ruhiger.

Man mag sich denken, dass dies alles Zeit kostet, aber Zeit ist ein weltlicher Begriff und die Welt wird eines Tages abgelegt; die Entwicklung der Seele jedoch und die erreichte Liebe im Herzen werden mitgenommen, und an ihr wird eine Seele in der jenseitigen Welt dereinst gemessen. So sollte die Priorität verstärkt auf die geistige Arbeit gelegt und nicht ausschließlich den Vergänglichkeiten der Welt gewidmet werden. Dies soll nicht heißen, dass man eine weltliche Verantwortung, die man etwa für seine Familie oder sich selbst übernommen hat, nicht wahrnimmt, jedoch sollte immer das rechte Maß beachtet werden. Einer Familie wird es dann gut gehen, wenn in ihr die geistigen Gesetze beachtet werden und das Wirken von Energiefeldern berücksichtigt wird.

Auch wenn man sich am Morgen noch relativ ruhig und gerüstet für die täglichen Aktivitäten fühlt, so nimmt man im Laufe eines Tages doch immer mehr unruhige Energien wahr und eine Zunahme von Spannungen. Dies ist auch körperlich zu fühlen. Wenn man sich beobachtet, sieht man, wie sich die verschiedenen Muskeln anspannen. Die häufigsten Verspannungen treten bei der Nackenmuskulatur, der Kopfhaut, der Stirn, im Schulterbereich und bei Händen und Fingern auf. Es ist oft insgesamt eine Spannung im Körper zu fühlen, die, selbst wenn man sich kurz entspannt und erst dann wieder der Arbeit zuwendet, schon bald von neuem entsteht. Deshalb ist es wichtig, immer wieder kurze körperliche und seelische Entspannungspausen einzulegen. Dabei zählt vor allem die bewusste Wahrnehmung dieser Verspannung, die einen ersten Schritt zu ihrer Überwindung darstellt. Fremde

Wesenheiten und unkontrollierte Felder versuchen ständig, den Menschen in einen Zustand der Spannung zu bringen, damit er aus dem Schutz des Lichtes heraus fällt und leichter von ihnen manipuliert werden kann. Je mehr „Einfluss" diese Kräfte erlangen, umso größer wird die innere Spannung, und der Mensch verliert durch die Unruhe den Zugang zu seiner Intuition und Führung. In dieses Fahrwasser sollte man möglichst gar nicht geraten und immer wieder im Laufe des Tages ganz bewusst auf Ruhe und Ausgeglichenheit achten. Dazu genügen manchmal schon ein paar ruhige Atemzüge, die eine Verbindung mit den schöpferischen Kräften herbeiführen können und Frieden und Harmonie im energetischen Umfeld bewirken.

Bittet man mit reinem Herzen und voller Dankbarkeit um Hilfe, so geschieht nach kurzer Zeit eine Umwandlung aller negativen Einflüsse. Man kann dann noch einige Zeit sitzen bleiben und die geistige Hilfe wirken lassen.

Auch nach sehr anstrengenden Gesprächen empfiehlt es sich, die Aura zu reinigen, indem man sein komplettes Energiefeld der Christus-Kraft übergibt. „Klopfet an, so wird euch aufgetan." Diese Lichtkraft ist immer für den Menschen da, wenn er ihre Hilfe erbittet. Es ist so schön zu sehen, mit welcher Liebe und Hingabe die geistigen Helfer jedes Menschen diese Reinigungs- und Umwandlungsprozesse unterstützen.

Vor allem nach belastenden Telefonaten oder nach Gesprächen mit Menschen, die nur ihre Probleme loswerden wollten, aber eigentlich an einer Lösung gar nicht interessiert sind, ist es sehr vorteilhaft, die eigene Aura zu reinigen.

Die folgenden Worte haben sich dabei als erfolgreich erwiesen:

Höchste Kraft und unendliche Liebe.
Aus tiefster Seele bitte ich Dich, wandele Du die
Emotionen und Gedanken, die nach diesem
Gespräch noch belastend an mir haften, durch
Deine Segenskraft und Liebe.
Lasse mich bitte erkennen, welche Arbeit noch von
meiner Seite aus zu tun ist.
Sende fort, was nicht zu mir gehört, und wandele
alles um in Deine unendliche Kraft und Liebe –
nach Deiner Weisheit.
Bitte erfülle mich mit tiefem Frieden, damit ich
gestärkt den Weg zu Dir fortsetzen kann.
Im Wissen um den Frieden in mir, bemühe ich
mich, ruhig zu bleiben, im Gespräch keine Energie
zu verschwenden, keine übermäßigen Emotionen
zuzulassen, keine vertraulichen Dinge auszuplau-
dern und nicht zu urteilen oder zu werten.
Mein Streben soll es sein, stets die unendliche
Liebe in mir zu fühlen und ihre Hinweise zu
erkennen.
Aus tiefstem Herzen danke ich Dir.

Jeder, der einen geistigen Weg beschreitet, sollte lernen, zwischen Mitgefühl und Mitleid zu unterscheiden. Mitleid ist nie
von Vorteil, da man sich in die Energiefelder des Gegenübers verstrickt und somit nicht mehr neutral Hilfe leisten kann. Mitgefühl ist ein wichtiger Aspekt in der Seelenentwicklung, aber Mitleid sollte vermieden werden. Das Wort sagt schon aus, dass mit-
gelitten wird; aber mitzuleiden ist keine Karma-Verarbeitung, da
der Leidende ohne Erkenntnis immer wieder neu leidet. Bei tief
empfundenem Mitgefühl öffnet sich das Herz-Ckakra, und dem
Energiefeld des Nächsten wird geholfen, um die Schmerzen auf

eine höhere Ebene zu transformieren. Dies kann bei Mitleid nicht geschehen, da sich das eigene System vor dem fremden Schmerz schützt und das Herz-Chakra verschließt. Das bei Mitleid empfundene Leid speist meist nur fremde Energiefelder, die sich von Gefühlen des Leides ernähren.

Dieser Hinweis soll natürlich niemals das Leid von Menschen schmälern, aber dennoch ist es wichtig, die Zusammenhänge im rechten Licht zu sehen. Auch ist der Schmerz, einen geliebten Menschen zu verlieren, wenn dieser die Erdenebene verlassen muss, eine natürliche Reaktion, jedoch sollte stets beachtet werden, dass diese Geschehnisse geistigen Gesetzen folgen und nicht anders geschehen konnten.

Die Reinigung der Aura kann sich auch auf Räume, ganze Wohnungen und Arbeitsstellen ausdehnen. Dazu sollte der Raum oder der bestimmte Bereich ganz bewusst gedanklich und gefühlsmäßig erfasst und den höheren Ebenen übergeben werden. Die Wahl der Worte und Gedanken sollte sich dabei natürlich auch auf die Räumlichkeiten ausdehnen. Eine solche Reinigung ist immer sinnvoll, auch wenn alleine gearbeitet wird, da sich immer feinstoffliche Wesen und Energiefelder in der Umgebung befinden, die durch Post, Telefon, Geräte oder über den Menschen selbst in die Räumlichkeiten getragen worden sind.

Dieser Vorgang kann relativ unauffällig oft wiederholt werden. Mit der Zeit wird man sich danach sehnen, diese reinigenden Worte zu sprechen, wenn die Hektik der Umwelt oder die eigene Anspannung überhand nehmen.

Es ist ein wahrer Segen, dass jedem Menschen, der sich der göttlichen Liebe zuwendet, diese Wandlungsmöglichkeit durch die Christus-Kraft gegeben werden kann. Es mag den Anschein haben, als ob nur Priester oder Pfarrer Räume reinigen dürften und könnten, aber jeder Mensch ist dazu fähig, und das Monopol für die Christus-Kraft liegt in niemandes Händen. Sicher gibt es Menschen, die größere Potenziale für dieses Leben mitgebracht haben und diese auch einsetzen sollen, jedoch kann die Umwandlung und Reinigung im persönlichen Bereich und als Gebet für alles Leben stets genutzt werden. Wenn sich mehrere Menschen auf ein gemeinsames Ziel orientieren, kann besonders viel Energie transformiert, kollektive Gedankenformen verwandelt oder uralte Felder in die Liebe zurückgeführt werden.

Leider wird diese Möglichkeit kaum genutzt. Viel Leid könnte vermieden werden, wenn alte Energiefelder gemeinsam umgewandelt würden. Selbst Kriege könnten vermieden werden, wenn so manche niedere Wesenheit keine Basis mehr vorfände, um Menschen zu Krieg und Machtmissbrauch anzustacheln. Aber es ist alles ein Lernprozess, und irgendwann wird es auf diesem Planeten so weit sein, dass gemeinsame Umwandlungen geschehen können.

Neben der wunderbaren Möglichkeit der Energieumwandlung und Läuterung durch die Liebe besteht natürlich, wie bei allen Dingen, auch die Gefahr des Missbrauchs. So liebevoll, wie positive Gedanken einen Raum erfüllen können, so negativ können auch Gedanken des Hasses, des Neides und der Lieblosigkeit einen Lebensbereich erfüllen und verpesten.

So waren im Mittelalter viele Menschen dazu geneigt, andere mit Missgunst und Neid zu betrachten. Die Menschen waren teilweise in starre Glaubensmuster verstrickt und hielten sich und ihre Meinung für allein wichtig. Es gab viel Verrat und Verwünschungen, sogar in den eigenen Familien. Meinungen, die nicht identisch mit der eigenen waren, wurden nicht selten sogar gewaltsam bekämpft. Griff vielleicht deshalb der „Schwarze Tod" so stark um sich, weil so viele ihr emotionales und geistiges Umfeld „verpestet" hatten?

Es ist sehr interessant zu sehen, dass dieses alte Pestfeld, ebenso wie einige andere globale Seuchenfelder, gegenwärtig aufgearbeitet werden, bedingt durch die aktuellen Diskussionen und die Gefahr eines bakteriellen Angriffs durch Terroristen. So sind viele momentane körperliche Erscheinungen Reste alten Karmas von Pestopfern oder ähnlichen Seuchen, die jetzt erst endgültig verarbeitet werden. Dies ist ein wichtiger Prozess und hilft mit, das gesamte Aura-Feld der Erde zu reinigen.

Auch dieser Prozess kann durch das Gebet unterstützt werden. Daher hier ein Vorschlag für die Wortwahl:

Vollkommene göttliche Liebe, wir bitten Dich um Unterstützung für jene Menschen und Lebewesen, die zur Zeit die Erfahrung von Not und Leid durchlaufen müssen.
Bitte schenke ihnen innere Kraft und Vertrauen, damit sie diese Situation so gut als möglich bewältigen können.
Bitte hilf ihnen, dass sie ihre persönliche Erkenntnis daraus gewinnen und eventuelle karmische Auflösungen gut bewältigen können. Schenke ihnen Kraft und innere Stärke und hilf ihnen, ihre Ausrichtung zu Dir zu finden.
Wir danken Dir von ganzem Herzen.

Jeder Mensch sollte seinen Tagesablauf möglichst in Ruhe planen und die jeweiligen Situationen zu erkennen versuchen, die diese innere Ruhe stören und Spannung, Druck und ungute Gefühle erzeugen können. Sehr häufig sind es äußere Einflüsse, die das eigene Energiefeld negativ beeinträchtigen.

Dies kann beispielsweise der Verkaufsdruck in einem Geschäft sein oder die Ausrichtung eines Firmeninhabers, dem es nur um Verkauf und Profit geht. Dies wird von sensiblen Menschen beim Einkaufen sofort als Spannungsfeld gefühlt. Solchen Feldern kann man guten Gewissens aus dem Weg gehen, es sei denn, es werden Emotionen im eigenen Inneren geweckt, die aufzeigen würden, dass bestimmte Gedankenformen doch mit einem selbst zu tun haben. Dann muss man sich fragen, ob man selbst vielleicht noch Ansätze von einem „Profitgeier" in sich trägt. Offen und ehrlich sollten diese Bereiche angenommen werden, wenn sie sich zeigen.

Die persönlichen Schutzengel, die den Menschen begleiten, sind in besonderer Weise daran interessiert, ihrem Schützling Informationen und Bewusstsein zu vermitteln, welche dieser für seine Lebenssituationen und Erkenntnisse benötigt. Nimmt man sich die Zeit, diese Informationen ganz bewusst einfließen zu lassen, kann ein wunderbarer und liebevoller Austausch stattfinden. Zum einen freuen sich die Schutzwesen und zum anderen profitiert der Mensch entscheidend von diesen Hilfen. Es gibt Schutzengel, die sich nicht um Alltagsangelegenheiten kümmern, sondern ausschließlich um die Entwicklung von Seelenqualitäten, wie Demut und Nächstenliebe. Sie werden sich somit dem Menschen dann besonders nähern, wenn er sich um seine geistige Weiterentwicklung bemüht. Für das tägliche Leben stehen jedem Menschen manchmal sogar mehrere Schutzwesen zur Verfügung. Werden diese liebevollen Wesen dann als Geschenk und Begleitung angenommen und nicht als Dienstboten für Annehmlichkeiten, wird es ein fruchtbarer Austausch; und auch Schutzengel und geistige Helfer können von den inneren Entscheidungen des Menschen lernen.

Bei der Beschäftigung mit den energetischen Voraussetzungen des Alltags darf natürlich nicht die Energie des Körpers vergessen werden. Der Körper kann täglich nur ein bestimmtes Maß an

Energie mobilisieren, die sich mit Zunahme an Lebensjahren verringert. So kann sich der Geist im Alter deutlicher offenbaren, der Körper jedoch wird in gewisser Weise den genetischen Faktoren der Alterung Rechnung tragen müssen. Körperliche Aktivitäten und nervliche Belastbarkeit lassen nach, ohne dass dies als Rückschritt oder Strafe gewertet werden sollte. Je liebevoller dies akzeptiert wird, umso harmonischer können die Abläufe stattfinden, und statt energetischer Auseinandersetzung und Unzufriedenheit wird es akzeptiert und als gegeben hingenommen. So werden Kinder im Normalfall von jüngeren Menschen geboren und aufgezogen, da die notwendige Kraft vorhanden ist. Die weltlichen Anschaffungen werden in mittleren Jahren angestrebt, damit man im Alter sich wieder mehr um seelische und geistige Werte kümmern kann.

Doch auch hier gibt es keine starren Normen. Jeder Mensch sollte ganz individuell seinen Energiepegel erkennen, ihn akzeptieren und sich danach ausrichten. Das bedeutet, dass er seine vorhandenen Energien auf den ganzen Tag verteilen sollte, damit er nicht am Abend in so große Überforderung gerät, dass der Energiehaushalt völlig durcheinander kommt und somit negative Einflüsse ihn belasten können.

Es gibt zahlreiche Orte, an denen der Mensch mit schwierigen Energiefeldern in Kontakt kommen kann. Dazu gehören beispielsweise Friedhöfe. Hier können ihn äußerst ungute Gefühle erfassen, die von umherziehenden, erdgebundenen Verstorbenen oder trauernden Menschen hinterlassen wurden. An solchen Orten wird schnell deutlich, dass die empfundenen Gefühle somit durch äußere Einflüsse auf das Gemüt einwirken.

Auch für diese Situation kann man sich hilfreiche Worte zusammenstellen.

Unendliche Schöpferkraft,
wir bitten Dich von ganzem Herzen um Unterstützung für die Seelen, die ihren Körper verlassen
haben.
Stehe ihnen bei, Schmerz und Unverständnis
loszulassen, stärke sie in der Kraft der Vergebung
und führe sie auf ihrem Erkenntnisweg in die
geistigen Ebenen.
Hilf ihnen bitte, ihre Bindungen zu lösen und die
Erkenntnisse zu erlangen, die sie für ihre Entwicklung benötigen.
Schenke ihnen das Gefühl der Nähe zu Deinem
unendlichen Liebesstrom, damit sie daraus die
Kraft für ihr Weiterstreben auf dem geistigen Weg
ziehen können. Von Herzen danken wir für Deine
Führung.

Auch auf Autostraßen, wenn man an einem gerade getöteten
Tier vorbei fährt, kann ein empfindsamer Mensch manchmal spüren, welchen Schock solch eine Tierseele erlitten hat. Auch hier
sollte für deren Lösung und göttliche Hilfe gebetet werden, damit
sie sich wieder in den göttlichen Entwicklungsplan einreihen kann.
Es gibt bestimmte Engelscharen, die sich speziell um die Tiere
kümmern und auf die menschliche Bitte reagieren.

Sehr schnell verliert man auch die innere Ruhe, wenn man
sich zu Verurteilungen hat hinreißen lassen. Durch die große Einheit allen Lebens kann man durch Verurteilungen sehr schnell an
große politische, kulturelle und auch kriegerische Energien angeschlossen werden und dann große Mühe haben, um sich wieder
auf die Liebe auszurichten. Mit jedem Menschen, der beleidigt
oder mit Worten energetisch verletzt wurde, hat der Mensch so-

fort inneren Kontakt und wird sich damit auseinander setzen müssen. Nicht selten halten solche Anknüpfungen sehr lange, da auch lieblose Energiewesen auf dem Planeten sich von solchem Vorgehen ernähren und dies immer wieder provozieren.

So sind dem Menschen zwar seine Aufgaben für dieses Leben vorbestimmt und er wird die Situationen erhalten, aus denen er lernen kann, jedoch kann der Mensch einen großen Beitrag dazu leisten, dass die Prozesse schneller ablaufen und viele energetische Konflikte gar nicht erst entstehen. Sind dennoch Bindungen geknüpft worden, kann man sich auf geistiger Ebene immer dafür entschuldigen, und mit dem notwendigen Gefühl der Erkenntnis und Demut wird sich Vergebung und Harmonie finden lassen.

VI. EINSTIMMUNG VOR DEM SCHLAF

Der Mensch verbringt im Normalfall bis zu einem Drittel seines Lebens im Schlaf, woran man deutlich ersehen kann, wie wichtig und wertvoll dieser Teil des Lebens sein muss. Für den Körper bedeutet der Schlaf eine Zeit der Erholung, in der feinstoffliche Energien aufgenommen und verarbeitet werden. Auch Spannungen und Verkrampfungen können im Schlaf wieder ausgeglichen und der Fluss der Lebensenergie in Gang gebracht werden. Schlafforscher haben bei Versuchen mit Testpersonen herausgefunden, dass der Mensch jegliche Empfindungsfähigkeit verliert, wenn er zu viele Stunden ohne Schlaf verbracht hat. Selbst bei starken Verletzungen wurde während der Schlafunterdrückung kein Schmerz mehr empfunden, und das Bewusstsein war kaum in der Lage, die Umgebung korrekt wahrzunehmen. Immer mehr trübte das Bewusstsein ein und die Normalität verschwand allmählich. Dies zeigt deutlich, dass dem Körper genügend Schlaf eingeräumt werden sollte, damit ein gesunder Geist in einem gesunden Körper wirken kann.

Auf der emotionalen Ebene werden im Traum viele Eindrücke erneut aufgerufen und können so verarbeitet werden. Gleiches gilt für Gedankenformen.

Vieles spielt sich für den Menschen im Unbewussten ab, und nur wenige der vielen Träume werden tatsächlich im Gedächtnis behalten und am nächsten Tag vom Wachbewusstsein noch als Erinnerung gespeichert. Es ist eine astrale Sperre im Menschen eingebaut, damit die feinstofflichen Erlebnisse in der Nacht für das Tagesbewusstsein weitgehend unzugänglich sind.

Ein besonderer Aspekt sind die energetischen Vorgänge, die sich bei einer Narkose im Menschen abspielen. Es ist der Medizin bekannt, dass selbst im entspanntesten Schlaf niemals ein solch hoher Entspannungszustand erreicht wird, wie in einer Vollnarkose. Dies rührt daher, dass noch mehr feinstoffliche Persönlichkeitsaspekte aus dem physischen Körper entfernt werden, als während des normalen Schlafes. Nicht selten wurden Operationen an der Wirbelsäule durchgeführt, bei denen kein wirklicher Eingriff in das tiefere Gewebe erfolgte, aber dennoch, durch die totale Entspannung der Narkose, die Blockade gelöst wurde, welche die Nerven beeinflusste, weshalb der Schmerz nach der Narkose vorbei war. Die Empfindungsfähigkeit wird in einem solchen Maß heruntergedrückt, dass es trotz der unbewussten Wahrnehmung von Schmerz oder großer Lautstärke nicht zu einem Erwachen kommt. Es haben sich allerdings zu Beginn der Narkose-Forschung seltene Fälle ereignet, in denen Menschen trotz der Narkose zu Bewusstsein gekommen sind, aber nicht in der Lage waren, den Körper zu bewegen oder sich zu erkennen zu geben. Sie erlebten den Rest der Operation bei vollem Bewusstsein, was zu einer großen emotionalen Belastung führte. Zum Glück geschieht dies, bedingt durch die hervorragenden neuen Errungenschaften der Anästhesie, vermutlich kaum mehr. Man sollte sich gelegentlich daran erinnern, wie hilfreich die Narkose für den Menschen ist und wie segensreich sie eingesetzt werden kann.

Die Verbindung der feinstofflichen Träger mit dem materiellen Körper wird während einer Narkose in solch einschneidender Weise unterbrochen, wie es in der Natur eigentlich nicht vorgesehen ist. Deshalb dauert es manchmal sehr lange, bis sich die feinstofflichen Felder nach einer Narkose wieder harmonisiert haben und ein geregelter Austausch stattfinden kann. Auch fremde feinstoffliche Wesen nutzen gerne die Situation und schleichen sich in das Energiesystem eines Menschen ein, während dieser sich im

Feinstofflichen und fern seines Erdenkörpers befindet. Wird eine Narkose allerdings bewusst eingeleitet und auf die feinstofflichen Gegebenheiten geachtet, kann vielen Problemen vorgebeugt und eine harmonische Wiedereingliederung aller höheren Körper ohne Komplikationen vollzogen werden.

In jeder Nacht, bei einem gesunden Schlaf, tritt der Astralkörper sowie der Mental-, Kausal- und Lichtkörper aus dem physischen Körper aus und begibt sich in die feinstofflichen Ebenen. Hier kann man deutlich erkennen, dass die geistigen Energiekörper in einer stärkeren Form zusammengehören, als dies in der Verbindung mit dem materiellen Körper wahrnehmbar ist. Der materielle Körper gehört in die Ebenen des Tierreiches und wird aus diesen noch nachhaltig beeinflusst. Es ist die liebevolle Arbeit der geistigen Welt, Ströme aus diesen Ebenen zu transformieren. So wie Jesus seinen Erdenleib in die geistige Welt mitgenommen hat, so sollen alle Menschen ihm nachfolgen und das Gleiche mit ihren Körpern bewirken. Über den Körper ist jeder Mensch mit allen Bereichen aus der Tier-, Pflanzen- und Mineralwelt verbunden. Jedoch ist der Schritt der körperlichen Transformation in die geistigen Ebenen für die ganze Menschheit noch nicht vollzogen. Es liegt jedoch am Ermessen des Einzelnen, wie weit er diese Umwandlung ins Licht bereits vollziehen kann.

Derzeit erleben viele Seelen in der Nacht regelrechte Schulungen, die sie auf Ereignisse einer kommenden Zeit, in der sich die Wahrnehmungen auf diesem Planeten deutlich erweitern werden, vorbereiten sollen. In nicht allzu ferner Zukunft werden bei vielen Menschen durch die starke Transformationskraft der einfließenden Christus-Energie die engen Grenzen des Verstandes fallen und ein höheres Bewusstsein Einkehr halten. Dies wird das Zeichen einer neuen Zeit sein, und der Mensch kann sich voller Vertrauen bereits darauf einstellen. Das in der Nacht erfahrene und in den

Seelen schon präsente Wissen steht dem Menschen bei der sich ereignenden globalen Transformation sofort zur Verfügung. Dies meint das Bibelwort, wonach die „Mägde weissagen und die Knechte Gesichte sehen" werden.

Ebenso werden in der Nacht die persönlichen Verarbeitungsprozesse von der geistigen Führung unterstützt. Die eigenen höheren Seelenenergien können bei der Zuwendung zu den göttlichen Kräften helfen, um karmische Prozesse in Liebe aufzulösen. Da dies derzeit in großem Umfang geschieht, ist es besonders wertvoll, auf eine behütete und friedliche Nachtruhe zu achten.

Deshalb ist es empfehlenswert, kurz vor dem Schlafengehen keine aufregenden Filme mehr anzusehen, da das Gehirn die Eindrücke noch eine gewisse Zeit weiterverarbeitet und eine ruhige Nachtruhe somit erst später eintreten wird. Am friedlichsten und den feinstofflichen Kräften am zuträglichsten ist ein friedlicher, entspannender Ausklang am Abend.

Leider wurde die Kommunikation innerhalb der Familie sehr häufig dem Fernseher übergeben, und eine Aussprache oder das Erzählen der Tagesereignisse findet eher selten statt. Das ist sehr schade, da der Austausch und das Mitteilen sehr hilfreich sein kann, um emotionale Belastungen, die sich im Laufe des Tages ereignet haben, abzuwehren. Auch kann manchmal bei einem Menschen, der zuhören kann, durch das Erzählen erst der notwendige Erkenntnisprozess eingeleitet werden, da das „Ah-Ha"-Erlebnis erst bei einer erneuten energetischen Berührung kommt. Man weiß immer weniger voneinander und über die Gefühle, die sich im Laufe des Tages eingestellt haben. Es wird immer weniger miteinander gesprochen. Jedoch sind es gerade diese Bereiche, über die der Mensch viel von seinem inneren Potenzial zu erkennen und noch bestimmte Muster und übernommene Strukturen zu lösen vermag. Ohne eine bewusste Zuwendung ist dies nur schwer möglich. Nicht selten kann man beim Erzählen erst gewisse Zusammenhänge klar erkennen und erhält aus den intuitiven Ebenen nochmals Hinweise über den positiven Umgang mit einer Lebenssituation. Natürlich kann man alle Probleme auch für sich alleine klären, doch ist der Austausch mit einem Gegenüber manchmal erstrebenswert, da in der Familie im Idealfall ein Vertrauensverhältnis herrscht, das innere Lösungsprozesse erleichtert und unterstützt.

Im gesamten Kopfbereich des Bettes sollten sich möglichst keine elektrischen Geräte befinden. Elektrische Radiowecker können beispielsweise den Energiehaushalt sehr erheblich schwächen. Ein Wasserbett stellt eine wundervolle Möglichkeit zur Entlastung der Wirbelsäule dar. Das Bett ist immer gut gewärmt, und es wird von vielen Menschen genossen, auf Wasser zu liegen; doch die Stromversorgung lässt sich technisch derzeit noch nicht in der Art und Weise gestalten, dass nicht um den ganzen Körper die Kabel zur Wassererwärmung laufen. Würde das Wasser in der Nacht kälter als der Körper, müsste für die Erwärmung sehr viel Energie verwendet werden und der Körper würde geschwächt.

Auch die Ernährung spielt für eine friedliche Nachtruhe eine große Rolle. Wenn spät am Abend noch viel und schwer gegessen wird, zieht sich die Verdauung bis spät in die Nacht hinein, und der Körper verbraucht dafür sehr viel Energie und Aufmerksamkeit. Es finden viele Stoffwechselprozesse bereits in der Nacht statt, und das zusätzliche starke Belasten von Magen und Darm kann zu Stauungen führen. Auch werden die Mahlzeiten, die spät am Abend eingenommen werden, nicht selten bevorzugt als Fettpolster angelegt, anstatt voll verbrannt zu werden, was eine Erhöhung des Gewichtes zur Folge hat. Als Regel wird hier gerne angegeben, nicht später als 18.00 Uhr zu essen und zu trinken, damit der Körper nicht durch die Verdauung in der Nacht belastet wird.

Aber dieser Zeitrahmen erscheint im Tagesablauf häufig als nicht realistisch, da viele Menschen spät von der Arbeit kommen und natürlich noch essen möchten. Auch ist das Durstgefühl sehr individuell und sollte auf die persönlichen Bedürfnisse ausgerichtet werden. Meist fühlt man selbst sehr gut, was dem Körper nützt und was nicht. Die Erfahrung ist der beste Lehrmeister. So sollte jeder Mensch seine eigene Zeit finden, um möglichst früh sein Abendessen einzunehmen und den Alkoholkonsum in einem vernünftigen Rahmen zu belassen. Übermäßiger Alkoholkonsum gaukelt dem Körper eine Scheinmüdigkeit vor, und der Schlaf wird sehr oberflächlich. Der astrale Körper kann sich bei erhöhtem Alkoholkonsum meist nicht einmal einen halben Meter vom leiblichen Körper weg bewegen und somit die höheren Ebenen nicht erreichen. Die Energiereserven werden nicht aufgeladen und die Aufgaben der Nacht können nicht erledigt werden. Geschieht dies häufig, wird der Körper mit vermindertem Bewusstsein und körperlicher Krankheit reagieren, da die Chakras in der Nacht ebenfalls nicht richtig arbeiten können.

Um das Bett sollten sich keine Bücherregale befinden, da viele Bücher eine eigene Aura ausstrahlen und mit ihrem Inhalt wirken, auch wenn der Mensch dieses nicht bewusst wahrnimmt. Unbewusste Bereiche werden durch die Bücher an die unterschiedlichsten astralen Felder angekoppelt, was zu Disharmonien führen kann. Liegt gar ein Buch über den Krieg im unmittelbaren Umfeld eines Bettes, können hierüber sehr unangenehme Energien einströmen, die den ruhigen und erholsamen Schlaf behindern. Auch Regale oder Wanddekorationen sollten sich nicht über dem Kopfbereich befinden, da innere Bereiche dies immer als Gefahr für den Kopf betrachten und unterschwellig ein Gegenfeld aufgebaut wird, in der Angst, es könnte etwas auf den Kopf fallen. Auch sollten keine spitzen Gegenstände Richtung Bett zeigen. Das Bett sollte möglichst nicht unter einem Fenster stehen oder zwischen zwei Türen. Unter diesen Umständen kann sich schwerlich eine umfassende Schutzenergie aufbauen. Metallbetten verändern generell die feinstofflichen Energiefelder im Menschen und können schwere Disharmonien verursachen. Hat das Bett selbst spitze Ecken, werden unterbewusste Bereiche immer in Abwehrstellung gehen, um sich vor einer Verletzung zu schützen. Es ist immer sinnvoll, so wenig Gegenstände wie möglich in Bettnähe aufzubewahren, so dass sich die Regeneration ausschließlich auf das persönliche Feld ausrichten kann und sich nicht mit den Gegenständen beschäftigt, die die Aura unmittelbar berühren. Hier nimmt auch die Magie einen besonderen Stellenwert ein. Nicht selten werden über Geschenke alte, dunkle Kräfte übertragen, die sich dann ausbreiten und ihrem Auftrag entsprechend ausdrücken möchten. Dies gilt generell für die Wohnung, besonders aber für das Schlafzimmer. Man kann im Energiefeld eines Schlafzimmers deutlich erkennen, dass der ausgleichende, positive Energiepegel extrem fällt, wenn das Zimmer von vielen Augen betrachtet wird. Besonders wenn das Zimmer Menschen gezeigt wird, die den jeweiligen Bewohnern im Inneren nicht sehr wohl gesonnen sind. Sie können somit Reste ihrer unangenehmen Einstellung im Zimmer zurücklassen. Sobald ein Raum im Bewusstsein eines Menschen gespeichert ist, kann er sich gedanklich an die Aura des Raumes hängen und auch auf sie einwirken. Deshalb ist es sehr sinnvoll, das Schwingungsfeld des Schlafzimmers besonders zu behüten.

Oftmals hört man, dass man sich am Abend nochmals mit all seinen Problemen beschäftigen soll, um so optimale Lösungen zu erreichen. Der bewusste Umgang damit ist als solcher sicher empfehlenswert und für den spirituellen Weg absolut notwendig, jedoch sollte dies am frühen Abend erfolgen und nicht vor dem Schlaf vorgenommen werden. Am besten sind hierfür die Morgenstunden geeignet oder eine bestimmte Zeit während des Tages oder der Meditation.

Da Verarbeitungs- und Erkenntnissituationen immer mit Emotionen einhergehen, ist es unvermeidlich, dass diese auch berührt werden. Nicht selten sind dies Emotionen von Angst, Zorn, Scham oder ähnlichen Qualitäten. Wird nun direkt vor dem Schlaf noch ein großes Thema aktiviert und aufgewirbelt, dauert es mitunter eine beträchtliche Zeit, bis ein energetischer Ausgleich und eine Harmonisierung stattgefunden hat. Dies kann sich bis weit in die Nacht hinein hinziehen. Schläft man sogar damit ein, wirken diese Kräfte unkontrolliert und ohne Führung im Emotionalkörper – und die Nachtruhe verläuft unruhig. Meist werden solche unguten Gefühle als emotional sehr aufregend empfunden, und ein Einschlafen wird unmöglich. So wäre man eigentlich ganz gut eingeschlafen, aber kurz vor dem Einschlafen musste doch noch einmal an das Problem mit dem Kollegen gedacht werden, und die emotionalen Wellen schlugen hoch. Nun wälzt man sich hin und her und versucht mühsam, das Problem wieder aus dem Kopf zu bekommen. Hier hilft zumeist nur der feste Vorsatz, sich am Morgen bestimmt wieder damit auseinander zu setzen. So wird das Problem aus dem Bewusstsein entfernt und an ruhige, liebevolle Energien gedacht, damit ein energetischer Ausgleich stattfinden kann und sich die Wogen wieder glätten. Die Aura zeigt in diesem Moment unruhige Wogen von Emotionen, die sich meist um Kopf, Herz oder Magen befinden oder an den jeweiligen Schwachstellen des Menschen. Sie bewegen sich in großen, engen Wellen. Ist die Emotion mit Zorn versehen, zeigt sich die Energiestruktur mit kantigen Pfeilen und unförmigen Gebilden durchsetzt. Die am stärksten sichtbare Farbe ist dabei die „Zornes-Röte", verbunden mit braunen und schwarzen Tönungen.

Es ist unausweichlich, dass solche Emotionen das Einschlafen erschweren. Es empfiehlt sich daher, zum Ausgleich solcher Felder am Abend zu beten.

Durch das abendliche Gebet werden in besonderer Weise die

nächtlichen Schutzenergien aktiviert, die dann wirksamer das Energiefeld des Menschen behüten können. Nicht selten versuchen fremde Wesenheiten in das jeweilige Aura-Feld einzudringen und Einfluss auszuüben, wenn sie darin eine wesensverwandte Schwingung finden.

Auch werden die noch unruhigen Energieströme in der körpernahen Aura durch das liebevolle Gebet sofort ausgeglichen und ein innerer Frieden tritt ein. Dies ist bei Kindern sehr schön zu beobachten, mit denen ein Elternteil am Abend betet. Sofort ist die Präsenz einer liebevollen Kraft anwesend, die den kleinen Erdenbürger unterstützt, ihn behütet und die aufregenden Erlebnisse des Tages harmonisiert. Kinder fühlen besonders diese Geborgenheit, die ein tief empfundenes Gebet auszulösen vermag. Es gibt Halt und Vertrauen und auch das Gefühl, dass die Eltern sich um das Kind sorgen und für es beten.

Wenn zu einem Menschen mit wirklicher Liebe gesagt wird: „Ich bete für Dich!", ist das eine ganz besondere Energie der Geborgenheit und der Anteilnahme. Wenn der Betreffende es zulassen kann, werden diese Worte bis in das innerste Wesen wahrgenommen.

Auch wird das Bewusstsein eines Kindes auf Ruhe und Frieden ausgerichtet, und es ist selbst in der Lage, durch die Konzentration innerhalb des Gebetes, seine Energien zu strukturieren und einer höheren Kraft zu übergeben. Dies wirkt sich auch vorteilhaft auf den Eigenwillen aus. Es wird für das Kind ganz klar, wie wertvoll die höheren Kräfte sind. Man kann mit Worten um Schutz bitten und auch um das liebevolle Durchströmen der Christus-Kräfte. Man kann Wünsche äußern und um Schönes bitten.

Ganz bewusst sollte man Worte wie „Wir wollen keine Angst mehr haben" oder „Der böse Nachbarsbube soll dich nicht mehr schlagen" unterlassen, da dies sofort wieder die negativen Gefühle an die Oberfläche holt und den harmonischen Ausgleich zunichte macht. Es wirkt dann wieder die Angst und nicht der Frieden. Und da es im Geist das „nicht" nicht gibt, wird nur das Bild des schlagenden Nachbarjungen projiziert – und nicht der friedliche Umgang damit. Dann wird das Gefühl von Angst gezeigt, aber nicht die liebevolle Lösung. Aus diesem Grund ist es wichtig, auch für das eigene Gebet, nur das liebevolle und auf die höheren Kräfte Ausgerichtete darzustellen. Das bedeutet natürlich nicht, dass die Probleme weggeschoben werden, aber der Zeitpunkt der Beschäftigung damit ist vor dem Schlafengehen nicht günstig gewählt, da die Gefühle mit in die Nacht hinein genommen werden. So sollte es eine Zeit der Arbeit an inneren Aufgaben geben, aber immer auch die Zeit des Schlafes im Schutz höherer Wesen.

Man kann in der Aura eines Betenden vor dem Schlaf ganz deutlich sehen, wie sogar die Körperzellen auf das liebevoll gesprochene Herzensgebet reagieren und so manche Stellen in der Äther-Aura des Körpers, deren Energieabstrahlung geknickt oder eingeengt war, sich aufrichten und die Energien fließen. Sofort tritt Entspannung ein, und nur in der Entspannung können die Energieströme richtig fließen. Die inneren Heilkräfte können ihren Dienst aufnehmen. Eine gute energetische Unterstützung kann man sich selbst geben, indem man die rechte Hand auf das Schädeldach und die linke Hand über den Bauchnabel legt. Diese Energieverbindung harmonisiert Stauungen, baut Energiekonzentrationen um den Kopfbereich ab und aktiviert den Fluss der Chakra-Energien an der Wirbelsäule entlang, welche Spannungen lösen und Harmonie fördern werden.

Wenn während eines Gebetes um Ausgleich von Spannung und Druck gebeten wird, kann man sofort selbst fühlen, wie schnell sich die Nackenmuskulatur oder andere verspannte Körperbereiche lockern, der Atem ruhig und gleichmäßig wird und ein Gefühl von Geborgenheit und Ruhe entsteht.

Löst der Mensch akutes Karma, kann es sein, dass die emotionalen Bereiche des Problems ihm den Schlaf rauben, da das Bewusstsein einfach nicht loslassen kann. Dann ist es besser, aufzustehen und eine Weile ans Fenster zu treten. Im Bett zu verharren und immer ärgerlicher zu werden, ist selten eine Lösung. Manchmal ist ein kurzes Ablenken sinnvoll, dann findet man wieder in den Schlafrhythmus hinein. Mit erneutem Ärger wird das Emotionalfeld nur noch größer, und es fällt noch schwerer, dieses abzutragen.

In einer Beziehung kann man sich gegenseitig am Abend eine kurze Massage geben. Durch die Be"hand"lung kann das persönliche Energiefeld sofort leichter zur Entspannung finden und eventuell angestaute Ströme können durch die Energie von außen unterstützt werden.

Man kann den Tag mit einem Gebet beenden, doch sollte das Gebet ganz individuell gestaltet sein. Dabei kann man auch dem Körper mit allen Funktionen und den Organen in besonderer Weise für ihre Tätigkeit und ihr Wirken danken.

Das Gebet muss nicht schriftlich festgelegt oder immer wieder die gleichen Worte benutzt werden. Ganz nach Wunsch und Stimmung können die Worte täglich neu formuliert werden, da jeder Tag neue Eindrücke hinterlässt und neue Energieströme aktiviert werden. Die innere Ausrichtung und der Wunsch auf der Herzensebene sind ausschlaggebend, die Worte folgen dann dem Herzen und sind immer richtig.

VII. KLEIDUNG

Kleidung dient nicht nur als Schutz vor Witterungseinflüssen und zur Bedeckung des Körpers, Kleidung wirkt in besonderem Maße auf das Energiefeld des Menschen ein. Sie befindet sich innerhalb der Aura, wirkt auf die feinstofflichen Körper ein und wird in besonderem Maße von persönlicher Energie getränkt. Auch die Energien, mit denen das Kleidungsstück verbunden ist, wirken auf den Menschen ein. Über die Kleidung können Stimmungen und geistige Ausrichtungen übermittelt werden, aber auch Zugehörigkeiten zu bestimmten Gruppen und Organisationen.

Kleidung sollte den Menschen schützen, und gleichzeitig kann der Mensch Kleidung nutzen, um einen Status in der Gesellschaft darzustellen oder seine eigene Befindlichkeit auszudrücken.

Nimmt man einem Menschen die Kleidung oder lässt ihn, wie es früher in Gefangenschaft oftmals der Fall war, alle Kleidung ausziehen und ihn nackt umhergehen, ungeschützt allen Blicken ausgeliefert, so entsteht große Scham und Demütigung. Der Schutz, den die Kleidung auch energetisch liefert, ist gebrochen. Nicht selten wurde dies genutzt, um den Feind seiner Kraft und Würde zu berauben und um sein Energiefeld aufzubrechen.

Eine weite Robe symbolisiert seit alters her eine große Aura, die spirituellen Fortschritt und geistige Größe darstellen soll. In Kulthandlungen, wie auch heute noch zu sakralen Anlässen und in richterlichen Handlungen, drücken die Kopfbedeckungen zum einen die Nähe zur göttlichen Führung aus, dienen zum anderen aber auch als Empfänger für höhere Eingebungen.

Enge Kleidung dagegen zieht die Aufmerksamkeit auf den Körper und wirkt eher als Anreiz zur Darstellung des Körpers oder als Ausdruck für sexuelle Energie. Enge Kleidung schützt energetisch den Körper weniger, sondern zieht die Blicke auf sich und dient der Bewertung. Wissenschaftler haben Versuche unternommen, in denen ganz klar nachgewiesen werden konnte, dass Blicke als Energie eindeutig von den Versuchspersonen gefühlt werden konnten, indem sie von hinten von anderen Menschen in gewissen Zeitabschnitten angeschaut wurden. Die Ergebnisse waren verblüffend und machten deutlich, wie stark Blicke Energie übertragen und wie intensiv diese fremden Energien in die persönliche Aura eindringen können.

Im Volksgut hat sich überliefert, dass man *böse Frauen* nicht in den Kinderwagen schauen lassen sollte, da sie ansonsten den *bösen Blick* übertragen konnten und es den Kindern von da an schlecht gehen würde. Sicher geht diese Überlieferung auf einen berechtigten Hintergrund zurück.

Jede neue Mode-Saison wird gegenwärtig von einigen wenigen Designern bestimmt, die die Vorgaben liefern, wie sich Frau und Mann anzuziehen haben, wenn sie „in" sein wollen. Dies berührt das sehr alte Bedürfnis des Menschen, anerkannt und angenommen zu werden. Auf geistiger Ebene gaukelt die Modebranche dem Menschen vor, dass diese Bedürfnisse befriedigt würden, wenn sie sich nur immer folgsam den jeweiligen Vorgaben anpassten. Es fällt vielen Menschen schwer, sich davon frei zu halten, zumal die stetige Veränderung auch positive Seiten aufweist. Durch die dauernde äußere Veränderung kann man auch den Veränderungen im eigenen Inneren gerecht werden. Der schnelle Wandlungsprozess kann auch im Äußerlichen nachvollzogen werden, und es kann richtig Spaß machen, Neues auszuprobieren und die Energie einer neuen Stilrichtung auszudrücken. So kann dieser Wechsel durchaus etwas Positives bewirken, wenn er nicht unter Zwang, sondern aus freien Stücken stattfindet. Es wird sich kaum jemand gänzlich dem Wirken der Modebranche entziehen können, jedoch ist es vorteilhaft, möglichst frei zu bleiben.

In früheren Zeiten wurde die Zugehörigkeit zu bestimmten Berufsgruppen oder einer gesellschaftlichen Hierarchie durch spezielle Kleidung dargestellt. Die Mächtigen verfügten über ganz besondere Gewänder, über die der „Normalbürger" staunte, sie bewunderte und damit die Rangordnung anerkannte. Heutzutage zeigt sich dies in abgeschwächter Form immer noch. Menschen, die sehr wertvolle und auffallende Kleidung tragen, werden von den Menschen, denen sie begegnen und die sie dafür bewundern, energetisch gespeist. So drückt das Wort „bewundern" eigentlich kein Wunder aus, sondern eher eine Wunde. Wird zu große Bewunderung ausgedrückt, gibt der Bewunderer ein Stück seiner persönlichen Energie an das Objekt oder den Menschen seiner Bewunderung ab und verbindet sich energetisch damit. Dies kann sogar noch nach langer Zeit wirken und schmerzlich wahrgenommen werden, als Sehn"sucht" zu der Person, zu der die Aufmerksamkeit, also die Energie, strömt. Man wird durch solche Verbindungen, die in der Aura verankert sind und auf den Menschen wirken möchten, immer wieder an gewisse Verhaftungen erinnert, was den Vorteil birgt, dass man seine Unfreiheit erkennen kann.

Wie machtvolle Energieübertragungen durch Bewunderung stattfinden, kann man sehr deutlich sehen, wenn man Teenager bei einem Konzert ihres Pop-Stars beobachtet. Dem Idol wird Vollkommenheit und die Erfüllung aller Träume zugeschrieben, die der Fan eigentlich in seinem eigenen Inneren suchen sollte. Aus dem Solarplexus strömt massenweise persönliche Energie zu dem Idol, und ab einer bestimmten Menge abströmender Energie schützt sich das Körpersystem selbst und fällt in Ohnmacht. Es dauert sehr lange, bis ein solcher Energieverlust wieder ausgeheilt ist. So mancher Pop-Star ernährt sein Ego von diesen Energien und wird sich in dieser Zeit entsprechend gut fühlen. Sind seine Songs jedoch nach einer gewissen Weile nicht mehr aktuell, werden die Fans ihn nicht mehr anhimmeln und ihm also keine Energie mehr senden, fällt das Ego in ein großes Energieloch. Das hat schon so manchen Star zu Drogen und Alkohol getrieben, um die Energieleere auszugleichen. Deshalb wäre es besonders wichtig, diese Energien nicht als Nahrung für die Seele zu nehmen, sondern sich auf höhere Energien auszurichten, dann würde kein Mangel einsetzen, wenn sich die Popularität eines Stars oder Schauspielers verändert.

So manche Reiche und Mächtige machen sich Gedanken darüber, welches teure Kleidungsstück sie heute wählen müssen, um nicht im Ansehen der Gesellschaft zu sinken. Es verursacht nicht selten großen Stress, um sich an die jeweiligen ungeschriebenen Gesetze zu halten und den gesellschaftlichen Spielregeln gerecht zu werden. So werden manchmal an einem Abend Kleider für Tausende von Euros 'verbraucht', nur um einen Status darzustellen und Kritikern keinen Nährboden zu bieten. Was für eine Verschwendung der Materialien unseres Planeten.

Doch sollte man niemandem irgendeine Schuld zusprechen, denn nach wie vor sind es die Anforderungen der Gesellschaft, die ein solches Spektakel wünschen und sich nicht selten an den jeweiligen Modevorgaben orientieren, die prominente Menschen darstellen. Andere möchten auch von den Energien zehren, die diese Menschen verbreiten. Sie möchten auch einen Hauch des scheinbaren Glamours fühlen, den diese Menschen umgibt. Aber eigentlich suchen sie nach göttlicher Liebe und nach der Geborgenheit im eigenen Inneren. Manchmal ist es auch ein Ablenken von ihren eigentlichen Aufgaben und die „Nichterkenntnis" der

Dinge, die sich hinter den weltlichen Vorgaben offenbaren möchten.

Man kann sich allerdings gänzlich von dem manchmal anstrengenden Modegebaren freihalten, wenn man seinen eigenen Stil findet. Durch die Vielfalt der Modewelt ist dies gar nicht so schwer.

Menschen, die stark in bestimmten Traditionen verhaftet sind, werden sicher gerne einen Stil wählen, der den jeweiligen Trachten entspricht. Es wird darin eine geistige Verbundenheit gefühlt und der geistige Inhalt des Feldes zusammen mit dem eigenen wahrgenommen. Dies wirkt vertraut und angenehm. Sehr häufig spielen Bindungen aus früheren Leben eine entscheidende Rolle. So sieht man in Bayern bei festlichen Anlässen Frauen mit einem Dirndl oder die Männer in Lederhosen. Durch das Tragen dieser Kleidung sind die Menschen an das jeweilige morphogenetische Feld angeschlossen und erhalten auch aus diesem Kraft und Halt. Im Gegenzug dazu stärken die Energien des Menschen wiederum das Feld und tragen so zu seinem Erhalt bei. Hier geht es manchmal nur um die Entscheidung, ob man sich aus einem Feld heraus entwickeln und neue Wege beschreiten möchte.

Auch bei Uniformen kann man die geballte Kraft des jeweiligen Feldes deutlich erkennen. Zieht man als Beispiel eine Polizei-Uniform an, wird man sofort die Ordnungs- und Überwachungskraft fühlen, was auch eine gewisse Portion an Machtenergie freisetzt.

Die alte Post-Energie ist ein Feld voller Strenge, Härte und geballter Autoritätskraft, oft gepaart mit der Soldaten-Energie aus dem ersten Weltkrieg. Hunde fühlen sofort diese Energie und wollen ihr Revier und ihre Position gegen diesen „Feind" schützen. Jede Uniform stellt eine kollektive Kraft dar, vereinigt den Träger im Sinne ihrer Prägung und verleiht Kraft, um den Inhalt ihrer Energie auszudrücken und den Träger zu stärken.

Da fast allen Menschen die gesetzliche Macht der Polizei bekannt ist, wird dieses Wissen beim Anblick eines Menschen in Polizei-Uniform sofort aktiv. Er wird entsprechend akzeptiert und mit Aufmerksamkeit bedacht, welche sofort in die Aura des Uniformträgers übergeht und als Energiezufuhr genutzt wird. Zieht ein Mensch das erste Mal eine geliehene Uniform an und geht auf die Straße, so kann er diese Aufmerksamkeit sofort als Energiezufuhr wahrnehmen. Dieses Gefühl wird nicht selten als angenehm empfunden, da es dem Ego gefällt, respektiert und anerkannt zu werden. Diese kollektiven Kräfte sind außerordentlich stark.

Beobachtet man etwa das Fahrverhalten vieler Menschen, wenn sie ein Polizeiauto erblicken, kann man sofort sehen, dass alle plötzlich nach Vorschrift fahren, nicht überholen und entsprechend Abstand halten.

Nicht selten nutzen schwache Menschen die Kraft einer Uniform, um sich wenigstens beim Tragen einmal stark und angenommen zu fühlen. So kann diese Energie als Kraftquelle aktiviert werden, aber auch als Machtmissbrauch für egoistische Ziele.

Nicht jeder Mensch ist immer frei in der Wahl seiner Kleidung. Arbeitet jemand in einem großen Büro oder im Verkauf, wird er sicherlich dazu angehalten sein, die entsprechende Kleidung zu tragen. Als Mann wird ihm Anzug und Krawatte nahe gelegt, als Frau sollte die Kleidung kostüm-mäßig sein, nicht zu sexy, da sonst die Arbeitsenergie gestört wird, sondern eher dezent und in gewisser Weise sogar uniform-artig.

Wenn Menschen an einem Arbeitsplatz oder in einer Behörde alle die gleiche Kleidung tragen, werden alle auch in bestimmter Weise energetisch ausgerichtet. Es herrscht der Geist der jeweiligen Arbeitsstelle, und der einzelne Mensch wird neben dem allgemeinen Energiefeld kam mehr wahrgenommen, wenn man ihn nicht über die Augen zu erfassen versucht, um ihn im Inneren zu erkennen. Das Äußere gibt wenig Orientierung.

Bei einer Einheitskleidung werden die Kleidungsstücke häufig getragen und symbolisieren den Status des Menschen. Der Träger baut mit der Zeit eine starke energetische Verbindung zur Kleidung auf und darüber hinaus auch zum geistigen Hintergrund seiner Arbeit. Es ist schon häufig vorgekommen, dass Krankenschwestern, die nicht mehr ihre Krankenhaustracht trugen, in ihrer „Normalkleidung" von Patienten nicht mehr wiedererkannt wurden, obwohl die Betreuung sehr intensiv war und eine gute Verbindung zwischen den Betreffenden bestand. Ohne die starke Ausstrahlung seiner Berufskleidung wirkt ein Mensch in seinem Privatleben ganz anders. In der Freizeitkleidung wird der Mensch von seinem momentanen Energiefeld geprägt, in der Arbeit wird er entscheidend vom Arbeitsgeist inspiriert und energetisch gespeist. Können Kleidungsstücke im Betrieb aufbewahrt werden und kann somit die Energie abgelegt und zurückgelassen werden, fällt es vielen Menschen leichter, sich von den Arbeitsenergien zu lösen und richtig abzuschalten. Müssen die Kleidungsstücke selbst gewaschen werden, sollten sie möglichst weit entfernt vom Schlaf- und Wohnbereich aufbewahrt und gelagert werden, damit das eigene Energiesystem sich in der Erholungsphase auf die persönlichen Energien ausrichten und von der Arbeitswelt freihalten kann.

Hat man in schwierigen Zeiten immer bestimmte Kleidungsstücke getragen, sind in diesen die Emotionen und Gedanken lange Zeit gespeichert. Auch viele unbewusste Bereiche im Energiesystem des Menschen werden durch den Anblick immer wieder an die Vergangenheit erinnert. So wird allmählich das Bedürfnis entstehen, diese Kleidungsstücke wegzugeben und sich neu einzukleiden. Das aurische Feld hat sich verändert; und es empfiehlt sich daher, die Kleidung ebenfalls zu verändern. Man kann auch häufig beobachten, dass Menschen, wenn sie ihre Gedanken und Einstellungen geändert haben, auch ihre Frisuren wechseln, als äußerer Ausdruck einer inneren Verwandlung. Dies ist wichtig und unterstützt den energetischen Prozess.

Wenn man das Dargelegte berücksichtigt, wird es einleuchten, beim Kauf von Second-Hand-Kleidung darauf zu achten, dass man sich darin wohl fühlt. Es ist sehr unangenehm, mit dem Einfluss von fremden Emotionen und Gedanken umzugehen, welche noch an den Kleidungsstücken haften. Die Kleidung befindet sich beim Tragen innerhalb des Astral-Körpers und wirkt unweigerlich auf diesen ein. So können auch an vererbten Kleidungsstücken oder an geschenkten Sachen aus der Verwandtschaft sehr viele Emotionen sowie fremde Gedankenformen hängen, die Einfluss auf den Menschen ausüben möchten. Hier kann viel Leid übertragen werden, das den Energiehaushalt des Trägers schwächt.

Auch beim Tragen der Alltagskleidung sollte darauf geachtet werden, dass diese am Abend beim Ausziehen nicht neben das Bett gelegt wird. Immer haften am Abend in der Kleidung die Vorgänge des Tages, und da man den ganzen Tag durch sehr viele fremde Felder hindurchgegangen ist, werden immer fremde Partikel an der Kleidung hängen. Bleiben diese über Nacht innerhalb der Aura, wirkt sich dies unangenehm auf die nächtlichen Prozesse und die Regeneration aus.

Es ist wichtig, die Unterwäsche täglich zu wechseln, da über die Haut Abfallstoffe des Körpers nach außen transportiert und von der Wäsche aufgenommen werden. Auch emotionale Verarbeitungen über die Haut werden nach außen abgegeben. Deshalb sollte die Wäsche unbedingt aus Naturfasern bestehen, da diese in der Lage sind, Hautabsonderungen, wie etwa Schweiß, besser aufzunehmen, Wärme zu halten und atmungsaktiv zu wirken. Synthetikstoffe, die nicht mit der Natürlichkeit des Körpers harmonieren, können die Energieströme stören. Gerät der Körper im Laufe des Tages in Stress-Situationen, sondert er kurze Energiewellen ab, die von Naturmaterialien teilweise ausgeglichen werden können und in harmonischere längere Energiewellen umgewandelt werden. Synthetikstoffe sind dazu nicht in der Lage, sie laden sich eher noch elektrostatisch auf und führen zu einem Stau der Körperenergien, was dann Ekzeme und allergische Reaktionen verursachen kann.

Die äußere Kleidung muss sicherlich nicht täglich gewaschen werden, jedoch ist es vorteilhaft, sie nur einen Tag anzuziehen und dann mindestens einen Tag auslüften zu lassen. Können Luft und Licht auf sie einwirken, findet die energetische Reinigung schneller statt. Auch das Ausklopfen bewirkt eine energetische Reinigung.

Überhaupt sollte vor dem Tragen jeglicher neu gekaufter Kleidung diese gewaschen werden, da sich meist noch sehr viel Produktionsstaub darin befindet und eventuell anhängende Schadstoffe somit ausgewaschen werden können. Bei der Wahl der Kleidung sollte möglichst auf Naturstoffe geachtet werden, obwohl auch hier die Farben meist synthetisch hergestellt sind. Man sollte sich allerdings bewusst machen, dass auch zur Verarbeitung von Naturmaterialien gerne Chemikalien zur Haltbarkeit und zur Erleichterung der Pflege eingesetzt werden. Aber es gibt auch Firmen, die sich in diesem Bereich um eine Nutzung natürlicher Stoffe bemühen.

In großen Warenhäusern haben im Normalfall viele Menschen einen Gegenstand in den Händen gehalten und aufmerksam betrachtet, es haftet also bereits viel Energie und nicht selten ganz normaler Schmutz daran. Über die Finger gibt der Mensch sehr viel Energie ab, die meist stark mit persönlichen Emotionen gespeist ist. Deshalb vermittelt ein Händedruck über die Neben-Chakras in der Handinnenfläche einen guten ersten Eindruck auf den Menschen, dem man die Hand gibt. Es ist dies auch eine Geste des „Sich-Öffnens" und der Zuwendung. Kleine Kinder, die mit den schnellen Wechseln von Energiefeldern manchmal Schwierigkeiten haben, verweigern deshalb gelegentlich den Händedruck, da sie sich nicht in der Lage fühlen, mit der Energie des anderen umzugehen oder sich in diesem Moment selbst schützen möchten. Auch Erwachsene würden manchem Menschen gerne den Händedruck verweigern, doch ist dies aus Höflichkeit meist nicht möglich. Man hört auch manchmal: „Dem gebe ich bestimmt nicht die Hand!", was zum Ausdruck bringen soll, dass diesem Menschen misstraut wird oder Verachtung gezeigt werden soll.

Vorteilhaft wäre es auch, wenn Schuhe, die beispielsweise in einem Büro den ganzen Tag getragen werden müssen, nur einen Tag angezogen würden, um sie dann wieder austrocknen zu lassen. Über die Füße wird sehr viel Feuchtigkeit abgegeben, und auch energetische Ströme fließen über Füße und Zehen ab. Kommt es hier zu einer großer Stauung, macht sich dies häufig in Form von Schweißfüßen bemerkbar. Der Schuh benötigt dann mindestens einen Tag, um trocken zu werden.

Häufig ist ein Mensch mit bestimmten Kleidungsstücken ganz besonders verbunden. Es besteht geradezu eine energetische Seelenverknüpfung, und ihn überkommt große Traurigkeit, wenn das Stück abgetragen und unansehnlich ist.

Wird ein Kleidungsstück besonders geliebt, wird sich der Mensch in diesem Kleidungsstück auch selbst lieben und gut fühlen. Seine eigene Liebe strahlt aus dem Kleidungsstück in die Aura hinein und unterstützt das persönliche Energiefeld. In ähnlicher Weise wirken auch manche Talismane. Sie sind äußere Darstellungen von inneren Möglichkeiten, die aber erst angenommen und zugelassen werden können, wenn man sie als sichtbaren Schutzfaktor und realen Begleiter betrachtet. Zieht man ein Kleidungsstück an, welches man überhaupt nicht leiden kann, wird man sich an diesem Tag nicht gut fühlen, da der eigene Frust darüber sich stetig innerhalb der emotionalen Aura befindet. Er wirkt unbewusst weiter, auch wenn man dies in der Hektik des Tages vergisst.

Viele Menschen wählen ihre tägliche Kleidung nach ihren jeweiligen Befindlichkeiten aus. Fühlen sie sich beschwingt, werden sie eine entsprechende Kleidung tragen, fühlen sie sich schwach und deprimiert, wird auch die Kleidung entsprechend ausfallen. Auch die Wahl der Farbe spielt eine wichtige Rolle.

Möchte eine Frau besonders sexy aussehen, wird ihre Wahl auf die entsprechenden Kleidungsstücke fallen, welche ihre Formen betont und die Aufmerksamkeit der Männer auf sich zieht. Jedoch darf sie sich bewusst sein, dass begehrliche Blicke zwar das Ego streicheln, sich aber penetrant an die angeschauten Stellen, wie zum Beispiel Ausschnitt, Beine oder Po, heften. Hängt sich dort viel fremde Energie an, wird das persönliche Energiefeld stark gestört und die fremden Gedankenformen können nur schwer entfernt werden.

Kleidung kann jedoch auch dazu verhelfen, mit bestimmten Schwächen umzugehen. Durchlebt ein Mensch eine Zeit von Unsicherheit und emotionaler Schwäche, kann er dies damit überdecken, dass er sich besonders gut anzieht. Eine Frau mit hohen Absätzen und eleganter Kleidung wird sich ganz automatisch anders bewegen, als wenn sie ausgetretene, flache Schuhe und weite, abgetragene Kleidung anzieht. So motiviert der Schuh und die Kleidung den Menschen dazu, sich besser zu fühlen. Die Ausstrahlung verändert sich und wird somit auch von den Mitmenschen anders gesehen, bewertet und angenommen. Der Satz „Kleider machen Leute" enthält einiges an geistiger Wahrheit.

Ein ganz wichtiger Aspekt ist die Wahl der Kleidung im Hinblick auf die Verarbeitung von Karma aus früheren Inkarnationen. Fühlt man sich in bestimmten Zeiten zu ganz bestimmten Stilrichtungen hingezogen, kann man davon ausgehen, dass im eigenen Inneren ein Bezug geknüpft wurde und eine Verarbeitung von Karma stattfindet. Diese muss nicht immer unangenehmer Natur sein, sondern es kann sich auch um eine schöne Erinnerung handeln. Hatte ein Mann etwa eine Inkarnation als Indianer, wird er sich vielleicht zu Mokassins und Leder hingezogen fühlen. Lebte eine Frau in einem früheren Leben in China und musste dort in extrem engen und hohen Schuhen gehen, wird sie in diesem Leben vielleicht immer wieder ein chinesisches Motiv auf ihrer Kleidung wählen, aber vermutlich auch extrem weite und bequeme Schuhe; je nachdem wie stark die alten inneren Verletzungen noch vorhanden sind.

Wenn bewusstseinsfördernde Seminare oder therapeutische Einzelsitzungen besucht werden, macht sich meist ein sehr interessantes Phänomen bemerkbar. Es werden genau die Kleidungsstücke ausgewählt, die der momentanen Verarbeitungssituation entsprechen beziehungsweise auf diese hindeuten. Es ist der Ausdruck von Seelenenergie, die sich zeigen möchte, damit eventuell bestehende Blockaden aufgelöst werden können. Dies geschieht in der Regel unbewusst, dennoch wird es aus den höheren Ebenen geführt. Bereits beim Blick auf die Kleidung kann der Seminarleiter daher wertvolle Hinweise erhalten, nicht nur über Muster, Symbole und Schnitte, sondern auch die Farbe ist sehr bedeutsam. So kann grau einen großen Mangel an Selbstvertrauen anzeigen, eine depressive Verstimmung oder eine energetische Blockade. Rot kann Aggression anzeigen, übertriebene Selbstdarstellung oder auch eine Blockade in Bezug zu bestimmten Planeten und Einstellungen. Die Bewertung eines Menschen sollte jedoch nicht von der

Kleidung ausgehen, die manchmal auf Launen basiert und nicht immer tiefe und wichtige Hintergründe aufzeigt. Andernfalls wäre man ständig damit beschäftigt, die Kleidung anderer Menschen zu analysieren.

Bei der Wahl der Kleidung sollte die Intuition eine große Rolle spielen. Es ist manchmal sehr anregend, von der neuen Mode inspiriert zu werden, jedoch nur, wenn dies in Übereinstimmung mit den inneren Gefühlen geschieht. So sollte die tägliche Wahl der Kleidung, ebenso wie ihr Kauf, intuitiv erfolgen. Nicht jeder Tag ist für den Kleiderkauf geeignet und nicht immer stehen die persönlichen Energien günstig zum Einkaufen. An falschen Tagen wird nichts passen, nichts stimmen und letztendlich auch nichts gefallen.

Hat jemand eine übergroße Sehnsucht nach einem Pelzmantel, sollte er sich fragen, warum diese Bedürfnisse vorhanden sind. Was im eigenen Inneren will sich mit der Kraft der Tiere schmücken? Geht es vielleicht um ein Prestige-Objekt? Hier ist eine sorgfältige Prüfung sinnvoll, ob ein Wunsch tatsächlich einem echten Bedürfnis entspringt oder ob man von der Gesellschaft beeinflusst worden ist. Die Qual der Tierhaltung und Tötung, die mit solch einem Pelz mitgeliefert wird, ist erschreckend und die Trägerin oder der Träger ist an der energetischen Verarbeitung unweigerlich beteiligt.

Auch bei der Wahl der Materialien sollte der energetische Hintergrund beachtet werden. So ist es nicht sinnvoll, moderne Kleidungsstücke zu kaufen, die aus billigen Synthetik-Materialien hergestellt wurden. Energetisch viel vernünftiger ist es, natürliche Materialien zu wählen, zu denen auch ein persönlicher Bezug aufgebaut werden kann. Leider werden auch Naturstoffe, wie Wolle und Baumwolle, in der Entstehung stark mit Schadstoffen belastet, ganz abgesehen von den Farben. Jedoch gibt es inzwischen immer mehr Firmen, die sich für eine schadstoffärmere Herstellung einsetzen. Synthetik verbreitet in der Aura den unangenehmen Effekt, dass es sich nicht mit den Energien des Körpers harmonisieren kann. Es ist ein reiner Störfaktor. Da der Körper aus allen Stoffen aufgebaut ist, die auf diesem Planeten in ihrer natürlichen Form vorhanden sind, ist er auch fähig, eine Verbindung zu diesen Materialien aufzubauen. Synthetik ist ihm fremd und es ist nicht mit Schöpferenergie durchdrungen, so wie dies Naturmaterialen sind. Es entsteht kein positiver Austausch, und die fremdartigen feinstofflichen Substanzen werden nicht selten von den feinen Energieströmen des Körpers regelrecht attackiert, was sich dann in größerem Umfang mit Ausschlag und allergischen Reaktionen oder Ekzemen bemerkbar macht. Da die meisten von Menschen geschaffenen Materialien nicht in schöpferischer Liebe zusammengefügt sind, können sie auch keine beinhalten. Sie existieren somit in einem Mangelzustand und benötigen Energie aus der Umgebung. Wird diese Kleidung nun vom Menschen getragen, wird automatisch Energie abgezogen und strömt zur Synthetik. Das ist ein weiterer unangenehmer Aspekt von Synthetik-Produkten.

Große Disharmonien setzen bei diesem energetischen Geschehen ein, die im Anfangsstadium vielleicht noch toleriert werden können, aber im weiteren Verlauf zu allergischen Reaktionen führen. In jedem Fall schwächen Synthetik-Materialien das Energiefeld, wenn sie nicht in besonderer Weise entweder vom Produzenten, was wohl eher weniger der Fall sein wird, oder vom Träger auf eine höhere Frequenz angehoben wurde. Dies ist durchaus möglich, wenn Störfelder in der Kleidung im Gebet höheren Kräften übergeben worden sind und diese eine Transformation bewirkt haben. Bei den modernen atmungsaktiven Sportkleidungen kann dies sehr sinnvoll sein. So kann im Alltag auf natürliche Kleidung geachtet werden und die Sportkleidung in spezieller Weise energetisiert werden. Es ermöglicht so, die hohe Atmungskapazität der modernen Fasern zu nutzen und sie dennoch energetisch positiv anzunehmen.

Bei Kindern sollten solche Kompromisse jedoch besser unterbleiben, da sie durch die Vielzahl von Allergenen, die die Umwelt inzwischen liefert, bereits in großem Maße gefordert sind. Der feinstoffliche Organismus eines Kindes ist hierfür noch nicht genügend gerüstet. Nicht umsonst sind die allergischen Reaktionen bei Kindern bereits stark gestiegen. Auch Kinder wählen schon häufig ihre tägliche Kleidung selbst aus, und wenn es sich einrichten lässt, sollte man dies auch zulassen. Beim Kauf kann man dennoch darauf achten, dass Farben wie Grau, dunkles Braun, Schwarz oder ein knalliges Rot eher weniger auftauchen, da die Farbe immer einwirkt und zarte Farben das meist aufgewühlte Energiefeld von Kindern mit den vielen täglichen Eindrücken günstig beeinflussen. Ein Erwachsener benötigt manchmal kräftige Farben, um notwendige Anregungen zu erhalten, bei Kindern geht es eher um einen Ausgleich. Die Farbe Schwarz wirkt bei Kindern besonders unangenehm, da sie nicht nur alles Licht, sondern auch alle Energie aufsaugt, nicht nur vom Träger, sondern auch vom Umfeld. Zudem sollen in schwarzen Kleiderfarben besonders viele Schadstoffe und Rückstände enthalten sein. Auch hier gilt, lieber weniger Kleidung, aber gute Qualität kaufen.

Beim Kauf von Kleidung kann auch der Aspekt berücksichtigt werden, dass man nicht zum Werbeträger für bestimmte Firmen wird. Das bedeutet, dass man das Firmen-Logo nicht unmittelbar über dem Herz-Ckakra oder gar über dem Solarplexus trägt, was eine dauernde energetische Belastung zur Folge haben kann. Teilweise lässt sich das gar nicht mehr vermeiden, da inzwischen jede

Firma an bestimmten Stellen ihre Etiketten in den Stoff einnäht oder einprägt. An Stellen wie im Genick, welches in der Schutzaura ohnehin ein Schwachpunkt ist, sollten grundsätzlich alle Etiketten entfernt werden. Andernfalls wird dadurch eine Einmischung von fremder Energie erreicht, welche natürlich das Ziel hat, weitere Kauflust zu verbreiten.

Da die Blicke von Mann und Frau beim Gegenüber sehr häufig auf Becken und Hüfte fallen und diese Bereiche ebenfalls mit vielen Energiepunkten versehen sind, werden auch sie von den Firmen stark genutzt. Wenn möglich, sollte man auch hier die Etiketten entfernen.

Bedeutungsvoll sind auch die Wirkungsweisen der verschiedenen Symbole und Zeichen, die sich in Massen auf den verschiedenen Kleidungsstücken befinden und ihre Wirkung ausüben, wenn der Mensch sie nicht bewusst wahrnimmt und unterbindet. Ganz wichtig ist die Beachtung von Zeichen, die sich auf die dunklen Elemente der Magie oder Angst auslösende Wesenheiten beziehen, auf der Rückseite der Kleidung. Die Wirbelsäule ist einer der wichtigsten Energieträger, an dem die Chakras ihre Energie zusammenbringen, damit diese nach oben geführt wird. Die rückwärtige Aura ist in ihrem Schutzfeld nicht so ausgeprägt, wie dies an der Vorderseite der Fall ist. Auch werden energetische Angriffe von vorne meist schneller wahrgenommen als von hinten. Auch fremde Wesensaspekte hängen sich mit Vorliebe in den hinteren Bereich des Energiefeldes, vor allem im Schulterbereich, um von dort aus ihre Einflüsterungen auszuführen. Der Volksmund weiß dies genau, wenn er sagt: „Der packt dich von hinten. Die Hexe schießt in die Wirbelsäule und es hängt einem wieder alles im Genick!" Im Genick befindet sich ein wichtiger Bereich des persönlichen Energiefeldes. Es ist der rückwärtige Bereich des Hals-Chakras, und auch der Körper verfügt in diesem Bereich über lebenswichtige Steuerzentren. An dieser Stelle treten eigene Seelenteile wieder in den Körper ein, die durch Umstände aus früheren Leben oder durch Anhaftungen sich bisher außerhalb des Körpers befunden haben. Diese Eintrittsstelle nutzen mit Vorliebe fremde Einflüsse, die sich bei der Rückkehr eigener Seelenteile mit einnisten wollen. Auch große Stress-Faktoren beeinträchtigen den freien Energiefluss an der Halswirbelsäule.

In der Kleidungsbranche hat sich ein sehr unangenehmer Zweig gebildet, der darauf aus ist, Symbole der alten dunklen Magie zu verbreiten und vor allem Jugendliche in ihren Bann zu ziehen. So sieht man schwarz-magische Symbole auf T-Shirts, die extrem das Energiefeld beeinflussen und eine langsame Seelenübernahme einleiten sollen. Nicht nur über gewisse Musik, auch über die Kleidung versuchen negative Wesen einzuwirken. Manche Jugendliche sind schon so in ihrem Bann, dass sie nur noch solche Kleidung tragen möchten, mit viel Schwarz und vielen dunklen Symbolen. Es dominiert das Hässliche, das eine Annäherung an das Dämonische zur Folge hat, und nicht mehr das Schöne und Zarte. Beim Tragen dieser Kleidung wird von den dunklen Wesen sofort eine gewisse Einflussnahme ausgeübt, damit der Träger sich gut fühlt und sie somit weiter ernährt werden. Es werden niedere Emotionen übermittelt, damit der Mensch tiefer in die Lieblosigkeit versinkt und immer weiter von höheren Energien abgeschnitten werden kann. Die Kräfte des Menschen sollen ja weiter abgezogen und von den dunklen Wesen übernommen werden.

Dieses Geschehen betrifft nicht nur schwarz-magische Symbole, sondern alle Formen, die kantige, raue Ecken und zerhackte Muster aufweisen, mit Pfeilen darin und Bildern von Zerstörung. Auch wenn man mit dem Tagesbewusstsein nicht immer gleich das Negative erkennt, so nimmt das Unbewusste dennoch alles auf, und eine Prägung findet unweigerlich statt. Deshalb ist es vorteilhaft, darauf zu achten, dass die Muster und Formen harmonisch sind. Man kann hier mit ein wenig Übung schnell ein gutes Gefühl für positiv und negativ entwickeln. Es ist ausschließlich eine Sache des Bewusstseins. Ist der Mensch sich der Dinge bewusst, wird ihm auch die Kraft zuströmen, um diese im positiven Sinne zu meistern. Jede bewusste Hinwendung erzeugt eine starke Wirkung.

Kleidung kann durchaus vor Angriffen aus feinstofflichen Bereichen schützen, indem etwa der Nacken, bei der Arbeit wie auch beim Stadtbummel, mit einem Tuch oder einem Schal geschützt wird. Als Frau sollte man im Sommer besonders auf seine Kleidung achten. Nicht nur über Blicke, sondern auch über die Hautberührung können sehr viele fremde Gedankenformen eindringen. Auch der Ausschnitt kann als Eintrittspforte für fremde Energien missbraucht werden.

Früher bedeckte man den Kopf sowohl zum Schutz als auch um den persönlichen Energieverlust über das Scheitel-Chakra so gering wie möglich zu halten. Ebenso wurden mit den verschiedenen Kopfbedeckungen die Zugehörigkeiten zu bestimmten Gruppen oder Glaubensrichtungen dargestellt. Ob Kaufmann, kirchlicher Würdenträger, Soldat oder Zimmermann, zumeist konnte man schon über die Kopfbedeckung erkennen, zu welcher Volksgruppe der Mensch gehörte. Heutzutage ist diese Stände- oder Gruppeneinteilung weitgehend Geschichte, und die individuelle Entfaltung der Persönlichkeit ist an ihre Stellte getreten. Jeder Mensch sollte seinen persönlichen Weg finden, ohne die Bevormundung und Machtausübung bestimmter Gruppen.

Bei der Wahl von Schmuck ist die Beachtung einiger Grundregeln hilfreich. Manche Edelsteine können sich positiv auf das individuelle Energiefeld auswirken und sogar im heilenden Sinne einen harmonisierenden Einfluss ausüben. Sehr unangenehm wird es allerdings für den Menschen, wenn der Schmuck in die Haut eingestochen wird. Ohrlöcher sind mit größter Vorsicht zu behandeln. Über das Ohr sind wichtige Energiepunkte verteilt, die einen starken Einfluss auf den Energiefluss des Körpers ausüben können. Wird nun an einer Stelle gestochen, die einen solchen Energiepunkt berührt, kann dies negative Folgen haben, da es praktisch die permanente Beeinflussung einer Energiebahn darstellt. Deshalb sollte am besten jegliche körperliche Verletzung für Schmuck unterlassen werden.

Das Piercing, welches eine große Modeerscheinung geworden ist, stellt die ideale Eintrittspforte nicht nur für Bakterien und Pilze dar, sondern in geistiger Entsprechung auch für negative Kräfte und dunkle Energien. Die Schöpfung formte den Körper ganz und harmonisch, auch als Schutz gegen äußere Kräfte, und der Mensch durchbricht nun mutwillig diese Schutzhülle. So wird im Unbewussten ständig die Verletzung aufgerufen, und das Immunsystem befindet sich in fortgesetzter Alarmbereitschaft. Leider wissen nur wenige Jugendliche, was sich auf feinstofflicher Ebene mit ihrem Körper abspielt. Sie unterstützen die dunkle Seite und forcieren körperliche Schwäche.

Mit wahrer Schönheit und geistiger Ordnung hat dies nichts zu tun. Im Energiefeld sieht man deutlich, wie unangenehme Kreise sich um die Körperöffnungen bewegen und sich schmutzigfarbene Bereiche in der Aura ausbilden.

Grundsätzlich kann Kleidung ein hohes Maß an Schönheit vermitteln und Ausdruck der Persönlichkeit sein. Man sollte allerdings vorrangig darauf achten, dass man sich in der Kleidung wohl fühlt und die Kleidung möglichst natürlich hergestellt und behandelt worden ist. Jede Materieform ist beeinflussbar, und auch Kleidung kann mit Liebe und wohlwollender Energie energetisch imprägniert werden und so im Gegenzug positiv auf den Menschen zurückwirken.

VIII. RAUCHEN

Der Satz „Rauchen gefährdet die Gesundheit" ist sicher eine der bekanntesten Aussagen unserer Gesellschaft. Wird aber überhaupt noch bewusst wahrgenommen, was dieser Satz aussagen soll? Er ist so vertraut und der Inhalt so in den Hintergrund gedrängt, dass er eigentlich gar nicht mehr existiert. Wohl kaum ein Satz wurde, vor allem in der Werbung, mit so viel „Verdeckungs-Energie" beladen wie dieser. Es ist wirklich ungeheuerlich, mit welcher Energie dem Menschen der Zugang zu dieser Wahrheit verwehrt wird. Auch die Menschen selbst, die diese Aussage betrifft, versuchen sie zu ignorieren und verstärken damit die Verdunkelung, die sich in der feinstofflichen Ebene zeigt. Wie in der Magie, werden Informationen überlagert, so dass die Wahrheit direkt daneben steht, man sie aber nicht finden kann.

Dieses Kapitel will sich nicht mit dem weltlichen Wissen über die gesundheitlichen Schäden beschäftigen, von Durchblutungsstörungen in den Gliedmaßen bis hin zur Fäulnis oder Lungenkrebs. Vielmehr sollen hier die feinstofflichen Hintergründe beleuchtet werden und die Prozesse im Energiehaushalt, die sich abspielen, wenn geraucht wird. Es wird der energetische Aspekt des Tabakrauches mit seinen Auswirkungen beleuchtet, welcher bereits bei seinem Anbau mit der Prägung versehen wird, ihn einmal mit gutem Profit an Menschen zu verkaufen. Er wird somit bereits in einem frühen Stadium durch das Bewusstsein geprägt, ein Suchtverhalten auszulösen. Es wird dem Arbeiter in der Plantage dieser Hintergrund kaum bewusst sein, doch über den Anbaufeldern und in den Verarbeitungsstätten hängen drohend die Schatten dieser gedanklichen Ausrichtung.

Ganz besonders erschreckend ist gegenwärtig noch der Umstand, dass in Europa immer noch in vielen öffentlichen Räumlichkeiten und Restaurants geraucht werden darf.

Auf geistiger Ebene lädt sich jeder Raucher, der seine Mitmenschen gesundheitlich gefährdet, indem er in ihrer Umgebung raucht, karmische Belastungen auf, die er manchmal mühsam wieder abtragen muss. Es gibt wenige Menschen, die das Passiv-Rauchen akzeptieren und somit selbst die Verantwortung übernehmen. Anders sieht es bei den vielen Kindern aus, die immer mehr unter allergischen Reaktionen aller Art leiden.

Hier soll keine Verurteilung erfolgen, da den meisten Rauchern dieses Bewusstsein noch verborgen ist oder sie einfach noch zu unerfahren sind, um diese Folgen ihres Verhaltens zu überblicken. Zum Glück gibt es schon viele Raucher, die für sich alleine rauchen oder nach draußen gehen, um nicht andere Menschen dem gesundheitlichen Risiko auszusetzen.

Die Werbung setzt sich in großem Stil dafür ein, dass Filme, welche die vielen gesundheitlichen Folgen des Rauchens aufzeigen könnten, selten oder gar nicht ausgestrahlt werden, weshalb den Menschen die wirkliche Problematik weitgehend verborgen bleibt. Das Leben wird sehr beschwerlich, wenn ein Arm oder Bein fehlt oder der Krebs den Körper verzehrt. Die Schmerzen und auch die Kosten für die Allgemeinheit sind immens.

Auf der feinstofflichen Ebene sieht man, dass der Körper über dieses Verhalten sehr traurig ist. Für eine Inkarnation steht dem Menschen nur ein Körper zur Verfügung. Vernichtet oder zerstört er teilweise dieses „Gefährt", wird er es unweigerlich verlieren, was seiner Seele und seiner geistigen Entwicklung großen Schaden zufügt; ganz abgesehen von den energetischen Eintrübungen und Belastungen, die der Raucher seinem Körper zumutet. Seine Abwehrmechanismen für den Alltag werden geschwächt oder extrem eingeschränkt. Jede Körperzelle besitzt ein eigenes Bewusstsein, welches in größeren Einheiten zum Organbewusstsein und im Ganzen zum Körperbewusstsein zusammengeschlossen ist. Dieses Ganze wird von einem inneren Arzt geleitet, über den bereits Paracelsus schrieb. Dieses leitende Bewusstsein ist sehr, sehr traurig, wenn der Mensch es nicht schafft, seine Sucht zu überwinden und zu begreifen, dass er falschen „Göttern" nachjagt, die ihm eine Erfüllung schenken werden. Das Körperbewusstsein fühlt sich zurückgesetzt, so als ob es der Persönlichkeit nicht wert wäre, sein Wohlergehen zu gewährleisten, damit er gesund bleibt und entsprechend arbeiten kann. Sie wird somit den irdischen Vorgaben nicht gerecht, und im ungünstigen Fall wird sie wieder Karma auf sich laden.

Wissenschaftliche Untersuchungen haben ergeben, dass bereits beim ersten Lungenzug an einer Zigarette die Durchblutung unter den Fingernägeln beeinträchtigt wird. Drückt man auf den Fingernagel einer auf dem Tisch liegenden Hand und lässt gleich wieder los, wird sich innerhalb von Sekundenbruchteilen das durch den Druck erschienene Weiß wieder röten und die Durchblutung wieder voll einsetzen. Nach dem ersten Zug an einer Zigarette ist diese Regeneration bereits deutlich geringer, was ganz klar aufzeigt, dass schon ein wenig Nikotin körperlich große Einschränkungen verursacht.

Auf innerer Ebene sieht man bereits beim ersten Zug an der Zigarette, dass sich das feinstoffliche System krampfhaft zusammenzieht und eine gesunde Versorgung vieler Bereiche durch die Energien aus den höheren Ebenen beeinträchtig wird. Der Raucher ermöglicht es auch vielen dunklen Wesen, über den Vermittler Rauch, in das Energiesystem einzudringen. So erreichen dunkle Kräfte den Körper, die normalerweise der Seelenenergie des Menschen niemals etwas anhaben könnten, da er in seinem Entwicklungszustand davor geschützt und behütet wäre. Der Rauch wird jedoch zum Resonanzboden für diese Zugriffe, die skrupellos einwirken, um den Raucher zu schwächen und Energie von ihm abzuziehen. So können Wesenheiten eindringen, die, sobald sie Fuß gefasst haben, sich also eine materielle Belastung in den Lungen gebildet hat und der Nährboden gut ausgereift ist, von sich aus versuchen, den Raucher bei Laune zu halten und ihn zum Rauchen zu motivieren. So werden viele Raucher zu einem Spielball der eingedrungenen Wesenheiten sowie der globalen „Rauch-Geister", die über die Zigaretten wirken und jede Schwäche ausnutzen, um Menschen zum Rauchen anzutreiben. So saugen sie ihnen Kraft ab und halten sich dadurch am Leben. Je mehr Schadstoffe sich in der Lunge angesammelt haben, umso größer ist die Verknüpfung mit fremden Wesen. Die Träger sind dabei die unreinen Stoffe. Die energetische Dunkelheit in den Lungenbereichen verstärkt sich und kann die Verbindung mit den höheren Ebenen schwächen, die seit uralten Zeiten über den Atem einwirken und heilen wollen.

Die Hintergründe für das Rauchen können vielfältig sein. Vielleicht wurde in der Jugendzeit der Werbung geglaubt, die vorgaukelte, dass ein junger Mensch dann zum Erwachsenen würde, wenn er rauche. Die Werbung nutzt tief verwurzelte Bedürfnisse des Menschen und versucht, diese, indem sie ihre Erfüllung verspricht, auf ihre Produkte zu übertragen. Auch werden gerne Menschen als dumm und „out" hingestellt, wenn sie eine ganz spezielle Zigarettenmarke nicht rauchen. Auf unbewusster Ebene wirken diese Prägungen bei vielen Menschen, denn wer will schon so in die Ecke gestellt werden. Auch Frauen, die sich in der Männerwelt schwach fühlen und ihre „Zugehörigkeit" zeigen möchten, greifen manchmal zur Zigarette. Die Schwächen und Sorgen der Jugendlichen werden von der Zigarettenindustrie skrupellos ausgenutzt, um ihnen vorzumachen, dass sie, wenn sie rauchen, größer und stärker sind und sich somit von den scheinbar übermächtigen Erwachsenen nicht mehr bevormunden lassen müssen. Es ist sehr interessant zu sehen, dass regelrechte Einflüsterungen der globalen „Rauch-Geister" stattfinden, die so lange mit ihren Bemühungen fortfahren, bis der junge Mensch zu rauchen begonnen hat. Während des Rauchens wird dann dem Menschen ein Gefühl von Überlegenheit und Stärke vermittelt, welches manchmal genau das Gefühl ist, wonach der junge Mensch so dringend verlangt. Somit fühlt er sich gut, endlich erwachsen und überlegen. Es wird also ein Entwicklungsbedürfnis genutzt, um den jungen Menschen zum Rauchen zu verführen.

Viele Filme werden von der Zigarettenindustrie unterstützt, und als Gegenzug müssen die Helden darin rauchen. Auch hier sieht der Jugendliche den tollen Mann und die tolle Frau im Film rauchen und vermerkt mit allen seinen Sinnen: „Wer raucht, ist toll!" Alle charakterlichen Vorgaben und Erfolge, die die Filmheldin oder der Filmheld darstellen, werden mit dem Rauchen verknüpft, und beim Rauchen entsteht das Gefühl, als wäre man genau so.

Auch haben viele Menschen sehr schöne Situationen erlebt und glückliche Stunden erfahren, in denen sie bereits geraucht haben. Auch Stunden der Entspannung, am Feierabend, beim gemütlichen Beisammensein mit Freunden oder anderes Schöne mehr wurde in tiefen Schichten des Unbewussten im Zusammenhang mit dem Rauchen gespeichert. Es war jedoch nicht das Rauchen, das die Stunden so schön sein ließ, sondern die tatsächliche Situation. Nun wird aber unbewusst versucht, mit dem Rauchen diese schöne Zeit, die Entspannung oder das Gefühl von Freiheit und Erholung wiederherzustellen, was oberflächlich manchmal gelingen mag, jedoch nicht den Tatsachen entspricht. Sehr gerne wird dem Raucher auch von den energetischen Larven der „Rauch-Geister", die ihn umgeben, vorgemacht, dass er in jedem Fall bei all dem Stress etwas Gutes für sich tun und zur Erholung und Entspannung rauchen sollte.

Mit Vorliebe versuchen die energetischen Belagerer dem Menschen vorzugaukeln, dass es die eigene freie Entscheidung des Menschen sei zu rauchen und jeder andere Mensch, der ihm dieses gute Recht verwehren möchte, ihm nicht gut gesonnen sei. Wird diese Vorgabe geglaubt, wird es sehr schwer, die Wahrheit zu erkennen und sich zu lösen.

Der Körper jedoch hustet und Schmerzen quälen ihn zeitweise, bis er es mit großer Anstrengung schafft, hinter die Einflüsterungen des Rauchens zu blicken.

Manchmal spielen aber auch karmische Lasten beim Rauchen eine Rolle. In früheren Zeiten wurde bei den Indianern sowie im Orient das Rauchen in rituellen Handlungen vollzogen, häufig mit diversen Opiaten oder sonstigen Zusätzen, die ein verändertes Bewusstsein hervorriefen und so einen kurzfristigen Zugang in die geistigen Sphären ermöglichten. Der Mensch konnte mitunter aus diesen Ebenen sogar eine gewisse Inspiration ziehen. Auch Informationen für Heilbehandlungen oder die Zukunftsschau versuchte man durch solche Rauch-Zeremonien zu erreichen. So kann es sein, dass ein Mensch, der diese Handlungen in früheren Leben ausführte, sich wieder zum Rauchen hingezogen fühlt. Jedoch sollte er bald erkennen, dass das heutige Rauchen nichts mit den alten Kulthandlungen zu tun hat, sondern der alte Zugang jetzt lediglich von dunklen Kräften genutzt wird. Die eigentliche „Sehn-Sucht" beim Rauchen ist somit die Suche nach den höheren Ebenen, die jedoch auf der Seelenebene stattfinden sollte. Wird der wahre Hintergrund durchschaut, ist es viel leichter, das Nikotin aufzugeben und sich dem Streben der Seele zu öffnen.

Das Rauchen insgesamt wirkt auf einen bestimmten körperlichen Bereich, der auch gerne gut Angebratenes isst. Es ist das Würzige und Gebratene, welches den Körper anregt und einen bestimmten Aspekt im tierischen Bereich des Menschen zufrieden stellt. Viele Menschen verspüren ein Verlangen, immer wieder etwas deftig Angebratenes zu essen, was einem sehr alten Bedürfnis entspricht. Das Rauchen nutzt dieses Bedürfnis aus und versucht über den Rauch-Geschmack diesen Bereich zu berühren. Das gibt dem Rauchen dann scheinbar die Existenzberechtigung und vermittelt das Gefühl, dass das Rauchen einfach schmeckt.

Bei vielen Menschen hat sich das Rauchstadium jedoch so weit entwickelt, dass der Körper mit Husten und Unwohlsein bereits deutlich aufzeigt, dass ihm das Rauchen schadet. Das Suchtverhalten ist jedoch noch sehr stark, sodass der Mensch zwar aufhören möchte, es aber noch nicht vermag. Hier kann nur das Bewusstsein für Veränderung sorgen und die Erkenntnis des speziellen persönlichen Hintergrundes.

Wenn ein Raucher dann die Entscheidung trifft, das Rauchen aufzugeben, sollte er dies nicht im Kampf mit seinem körperlichen Verlangen vollziehen. Es ist Konsequenz gefordert, aber kein Kampf. Auch bei der Abwehr der „Rauch-Geister" kann man leicht ins Hintertreffen geraten, wenn nicht die Kraft aus höheren Sphären dem Menschen beisteht. So kann der Mensch sich ins Gebet und in die Meditation versenken, um die Kraft für diese Aufgabe zu erhalten und sich zu stärken.

Den eigenen Wesensaspekten, die dem Rauchen erlegen sind, sollten immer wieder der Hintergrund dafür und die Entscheidung aufzuhören mitgeteilt werden. Dieses neue Bewusstsein und die neue Kraft müssen manchmal erst wachsen. Ab einer bestimmten Stärke fällt es dann ganz leicht, von der Zigarette Abschied zu nehmen. Dann spürt man sicherlich zu Anfang noch immer die Waben, die an den Einkaufskassen über den Zigarettenkästen hängen und jedem Menschen, der vorbei geht, zuflüstern, er solle rauchen, damit es ihm gut gehe. Aber der einstige Raucher hat jetzt die Kraft, sich nicht mehr verführen zu lassen. Auch tragen manche Mitmenschen so starke „Rauch-Geister" mit sich, dass man in ihrer Nähe unweigerlich die Lust auf das Rauchen verspürt sowie den fast zwanghaften Wunsch, unbedingt wieder rauchen zu müssen. Hier ist größte Vorsicht geboten, damit man nicht wieder Spielball der fremden Kräfte wird und dem Rauchen erneut verfällt.

Hat sich ein Mensch vom Rauchen gelöst, ist es überaus sinnvoll, alle Räume der Wohnung, in denen bislang geraucht wurde, zu streichen und neu zu energetisieren. Über den Tabakrauch können sich sehr lieblose und dunkle Energien in den Räumen aufhalten, die sich besonders in den Ecken energetisch dichter manifestieren und sich über den Tabakrauch mit Vorliebe in Gardinen festsetzen. Dieser Rauch hat in seiner Konsistenz auch fetthaltige Komponenten, welche spezielle feinstoffliche Wesenheiten anziehen und ihnen die Möglichkeit der Anhaftung bieten. Jeder Mensch weiß, wie schnell sich der Rauch in der Kleidung oder in den Haaren festsetzt, wenn man sich auch nur für Sekunden in Räumen aufhält, in denen geraucht wird. Man braucht lange, um wieder zu lüften, und nur die Haarwäsche befreit wieder völlig von diesen Anhaftungen. So ist die materielle Auswirkung ein klarer Hinweis dafür, wie stark die energetische Einwirkung ist, die stattfindet.

Ein nicht zu unterschätzender Faktor in der Sucht nach Zigaretten ist das Familien-Karma. Nicht selten werden zwar ungewollt, aber doch klar erkennbar, über das genetische Material Sucht-partikel auf die nächste Generation übertragen. Hat zudem ein Sohn oder eine Tochter unbewusst noch Verarbeitungsmaterial übernommen, um zu zeigen: „Schau, Mama oder Papa, ich bin doch zu etwas nütze und habt mich nun doch bitte lieb!", so sind dies offene Pforten für Altlasten, die auf die Kinder übertragen werden. Manchmal wird hier auch eine Generation übersprungen und die Last und unangenehme Bindung von Großvater oder Großmutter muss mühsam angenommen und verarbeitet werden, da die Großeltern meist ebenso als Überträger fungiert haben. Hier sind kompetent ausgeführte Familienaufstellungen sehr hilfreich. Aus geistiger Sicht stehen für die Auflösung von Familienkarma und persönlichen familiären Verarbeitungsprozessen derzeit äußerst kräftige Umwandlungsenergien zur Verfügung, welche von der geistigen Führung mit viel Engagement unterstützt werden.

Auch bei Anhaftungen von Verstorbenen kann sich die Sucht der Person, die ihren Körper verlassen hat, auf einen Hinterblie-benen übertragen. Nicht selten sind es Personen, die der Mensch gern hatte oder die in verwandtschaftlicher Beziehung zu ihm standen. Dann versuchen die abgespaltenen Teilbereiche der ver-storbenen Person mit großer Energie ihre Sucht weiter zu befrie-digen und sehen in dem Menschen, den sie belagern, einen gu-ten Kontakt, um ihre Bedürfnisse auszuleben. In einem solchen Fall ist es sinnvoll, mit diesen Teilbereichen Kontakt aufzuneh-men und ihnen ihre aktuelle Lage zu erklären. Meist wollen sie nichts Böses, jedoch verkennen sie ihre Lage und sehen vor lau-ter Gier nicht mehr, dass sie durch ihre Anhaftung der Person Schaden bringen, die sie zu nutzen versuchen. Doch auch hier ist es immer möglich, in Verbindung mit den Führungswesen und in Harmonie mit dem Willen des Höchsten, eine Ausheilung und Klärung zu erreichen.

Nicht selten wurden im Mittelalter über Drogen und Halluzinogene Ziele bei Menschen erreicht, die ohne diese Beeinflussung nie freiwillig den jeweiligen Forderungen zugestimmt hätten. Es wurden über längere Zeit Substanzen verabreicht, die zur Sucht führten oder dem Menschen das freie Bewusstsein raubten. Er fiel somit in Abhängigkeit und erlag einer Fremdbestimmung, die im weiteren Verlauf zu dauerhafter Sucht führte. Ist nun ein Mensch in irgendeiner Weise, als Opfer oder als Täter, mit bestimmten Bereichen an derartige Felder gebunden, wird er sich so lange mit Suchtpartikeln auseinander zu setzen haben, bis die Situation vollständig geklärt und ausgeglichen ist. Erst dann wird es ihm möglich sein, sich von den inneren Zwängen zu lösen und frei von der alten Abhängigkeit, die sich in diesem Leben als Zigarettensucht zeigt, sein Leben fortzuführen.

Ein weiterer Aspekt bei der Betrachtung des Rauchens ist nicht nur der unglaubliche Umsatz der Tabakindustrie, sondern sind auch die Energieströme, die dem Menschen durch Manipulationen seitens der Wirtschaft und Politik vorgaukeln wollen, dass es ihm ja gut gehe und er sich immer auf eine Zigarette freuen könne. Es wird ihm somit in diesem Leben etwas Gutes gegeben, was ihm Genuss, Gemeinschaftsgefühl und einen gemütlichen Feierabend verschafft. Das zeigt die „Fürsorge" der politischen Klasse für das Volk.

Es ist wichtig, auch wenn der Mensch derzeit noch mit allen Fasern seiner Persönlichkeit an den Zigaretten hängt, sich keine Vorwürfe für Vergangenes oder noch Bestehendes zu machen, sondern sich einfach mit einer Lösung oder Veränderung zu beschäftigen. Auf sich selbst wütend zu sein, hilft nicht weiter, sondern nur Verständnis und der Wille zur Veränderung bringen den Menschen vorwärts. So sieht man viele Menschen vehement gegen

Raucher wettern, die früher selbst geraucht haben. Hier sollte das Verständnis wachsen, dass jeder Mensch seinen eigenen Prozess durchlaufen muss und niemandem eine Verurteilung zusteht. Natürlich sollten Meinungen ausgedrückt werden, aber keine Verurteilungen oder gar Herabsetzungen von anderen Menschen stattfinden.

Sind die Anhaftungen an das Rauchen zusätzlich noch mit Bindungen aus Vorleben behaftet, wird es sicher besonders schwer, sich davon zu lösen. Es ist ein großes Anliegen der geistigen Führung, den Menschen frei zu halten von dunklen Einflüssen. Erkennt sie den aufrichtigen Wunsch, das Rauchen aufzugeben, wird dem Menschen sehr viel Energie zur Verfügung gestellt, um seine Lebenssituation zu bewältigen und frei zu werden von materiellen Bindungen der Nikotin-Sucht und den „Rauch-Geistern".

Leider sieht man auch in diesem Bereich gegenwärtig ein starkes Ansteigen der Verführungskräfte, da diese Energien durch die verstärkte Einstrahlung der Christus-Kräfte auf diesen Planeten fühlen, dass ihnen die Existenzgrundlage genommen wird, wenn es zu einer weiteren Bewusstwerdung der Menschen kommt. Sie ahnen, dass sie sich in dieser Form nicht mehr werden ausleben können.

Jeder Mensch hat jedoch immer die Möglichkeit, sein persönliches Umfeld ganz individuell zu gestalten und auf die höheren Kräfte auszurichten. Die Hilfen aus der geistigen Welt werden ihm gewiss sein.

IX. ERNÄHRUNGSFRAGEN

Ein weiterer wichtiger Aspekt des Alltags ist die Ernährung. In einem gesunden Körper kann sich ein gesunder Geist entfalten, lehrte schon die Antike. Dies bezieht sich nicht nur auf die materiellen Aspekte der Lebensmittel, sondern auch auf die feineren ernährenden Energien, die ein Lebensmittel dem Menschen geben kann. Betrachtet man das Wort *Lebensmittel*, wird klar, dass es sich hierbei um etwas handelt, das als lebendig betrachtet wird. Etwas, was von einer lebendigen Aura umgeben sein sollte und segensreich wirken kann.

Die Nahrung ist lebensnotwendig, ohne sie ist der menschliche Körper nicht in der Lage zu existieren. Aus diesem Grund sind in der Geschichte der Erde schon viele Kriege geführt worden, denn das Überleben eines Volkes hing von einer ausreichenden Menge an Nahrungsmitteln ab.

Die tägliche Versorgung mit Nahrung hat sich, verglichen mit der Vergangenheit, in der heutigen Zeit ziemlich geändert. Früher mussten alle Lebensmittel, die nicht aus der Jagd kamen, meist selbst angebaut werden. Dies spielte sich im Frühjahr, Sommer und Herbst ab. Für den Winter musste man genügend Vorrat anlegen. Das bedeutete, es musste in großem Umfang eingekocht, gedorrt, gepökelt, geräuchert oder eingelegt werden, um für alle genügend Essen bereit zu halten, bis im Frühjahr wieder neu angebaut werden konnte. Das Wissen um diese Dinge war somit lebensnotwendig und erforderte viel Arbeit und Zeit.

Heutzutage wissen vor allem die Menschen in der Stadt kaum

noch, wie man überhaupt Lebensmittel für den Winter vorbereiten könnte. Sie verfügen über keinerlei Kenntnisse, wann gepflanzt oder geerntet oder wie Nahrung haltbar gemacht wird. Es fehlt den meisten Menschen ein lebendiges Verhältnis zur Natur, ohne die ein Überleben gar nicht möglich ist. Würde man so manchen Städter in den Wald oder auf die Wiese stellen und ihn fragen, was essbar sei und was nicht, es würde erschreckend deutlich werden, wie stark der Bezug zu Mutter Erde und ihren Nahrungsgaben verloren gegangen ist. Dies soll keine Wertung sein, sondern nur eine Feststellung von Gegebenheiten. In gewisser Weise ist dies auch der Preis einer neuen Zeit, in der die Menschen, je nach ihrer „Berufung", in den verschiedenen Berufen optimal eingesetzt werden können.

Doch egal welcher Beruf ausgeübt wird, essen müssen alle Menschen, im Normalfall mehrmals am Tag. Hier kommt allerdings eine Wertigkeit zum Vorschein, denn Menschen, die sich mit dem lebendigen Nahrungsmittel beschäftigen, tragen eine besondere Verantwortung.

Es ist für den heutigen Menschen so gewohnt einfach und leicht, alle Lebensmittel, die benötigt werden, sofort einzukaufen – aus allen möglichen Ländern und zu allen Jahreszeiten. Dadurch neigt er mitunter dazu zu vergessen, was für einen Luxus ein solcher Zustand darstellt.

Es werden die verschiedensten Lebensmittel angeboten, und es liegt an jedem Menschen selbst, wofür er sich entscheidet. Das fällt dem Käufer inzwischen gar nicht mehr so leicht, da die Werbung alle Arten von Tricks einsetzt, um den Menschen zum Kauf gerade ihrer Produkte zu animieren. Der Mensch wird mit bestimmten, hoch wirksamen Gedankenformen geradezu bombardiert und soll sich dann, wenn das bestimmte Mittel gekauft wird, so gut fühlen, wie es die Werbung verspricht. Da alle Menschen nach Schönheit, Gesundheit, menschlicher Nähe und Lob streben, sind hier sehr schnell innere Zugänge geschaffen, die mit allen Mitteln ausgenutzt werden. Der Mensch soll nicht nach seinen inneren Empfindungen handeln, sondern nach den Impulsen und Vorgaben der Werbung.

Nahezu alle Konsumenten sind sich inzwischen darüber einig, dass Lebensmittel möglichst natürlich sein sollten, am besten vom Bio-Bauern und aus ökologischem Anbau. Diese Lebensmittel sind natürlich in besonderem Maße anzuraten, wenngleich auch hier nicht alle Schadstoffe, die über Luft und Regen einwirken, ausgeschlossen werden können.

Betrachtet man das Energiefeld von frischem Obst oder Gemüse, so sieht man deutlich, dass jene Lebensmittel, die biologisch angebaut wurden, deutlich stärker abstrahlen und eine vitalere und naturbelassenere Aura aufweisen. Man sieht, dass sie in der natürlichen Ordnung der Schöpfung schwingen können. So manches Gemüse im Supermarkt weist statt einer lebendigen, hellen Aura nur eine gräuliche Umrandung auf, und wenn man mit den physischen Augen nicht „Gemüse" sehen würde, wäre es schwer, aufgrund der Energie zu erkennen, dass es noch ein „Lebens"-mittel ist. Es ist manchmal sogar eine gewisse Trauer des dem jeweiligen Gemüse oder Obst übergeordneten hohen Naturwesens zu fühlen, wenn so manches Gemüse lieblos und belastet zusammengezüchtet wurde und nur noch so zu funktionieren hat, wie der Herrscher Mensch es möchte.

Doch kann die Ausstrahlung von Gemüse auch durch andere Faktoren beeinträchtigt werden. Musste beispielsweise der älteste Sohn eines Bauern, der biologisch-dynamisch anbaute, den Hof seines Vaters übernehmen, obwohl er viel lieber Lehrer geworden wäre, so kann sich der Unmut und der Zorn auf den ganzen Hof ausbreiten. Der Sohn zieht entsprechend seiner Gesinnung übellaunige Mitarbeiter an, und das Gemüse wird in der Anbau- und Wachstumsphase nur widerwillig und misslaunig gepflegt und betreut. Den Pflanzenwesen wird in keiner Weise gedankt. Kein liebevoller Gedanke wird gesandt, und die feinstofflichen Essenzen und Gaben bleiben verschlossen und verkümmern, da sie nicht durch Liebe geweckt wurden.

Genauso lieblos wird auf dem besagten Hof das Obst und Gemüse geerntet, in Kisten verpackt und abgedeckt. Die ganze Ernte rollt dann viele Kilometer über die Straßen und wird auch dort nur mit zerrissenen Energiestrukturen konfrontiert. Auf der Straße und durch das Dröhnen und Rattern der Motoren vibriert das Gemüse/Obst unaufhörlich.

Diese Lebensmittel weisen trotz ihrer eigentlich vorbildlichen Anbauweise kaum noch eine vitale Aura auf. Sie strahlen graubraun bis dunkelgrünlich ab und fristen ein Dasein wie in Gefangenschaft. Sie konnten nicht einmal die ihnen innewohnende Kraft äußern und abstrahlen, da sie durch den Unmut verdeckt worden ist.

Deshalb ist es sinnvoll und wichtig, die eigene Intuition beim Einkaufen so zu schärfen, dass ein Gefühl für die Lebensmittel aufgebaut werden kann und man sich in der Auswahl auf seine Wahrnehmung verlassen kann. Wird auf das innere Gefühl geachtet, werden solch belastete Lebensmittel automatisch gemieden, da man kein gutes Gefühl hat, wenn man sich auf sie einstellt. So kann es durchaus geschehen, dass ein nicht biologisch angebautes Obst oder Gemüse den Menschen regelrecht anstrahlt, da es im Anbau und in der Ernte viel Liebe erfahren hat und so zahlreiche feinstoffliche Blockaden der Düngemittel neutralisiert worden sind. Sobald man auf sein Gefühl hört, wird man immer sicherer in seiner Wahrnehmung und kann vielleicht auch bald die dazu gehörende Aura erspüren.

Nimmt man zu viele Nahrungsmittel auf, die mit Düngemitteln, Schädlingsbekämpfungsmitteln oder sonstigen Schadstoffen belastet sind, kann der Körper diese nicht mehr nach außen transportieren. Sie sammeln sich im Körper an. Irgendwann wird dann ein Pegel erreicht, der nicht mehr auszugleichen ist, und eine Flut von Allergien oder eine schwere Krankheit dürfte die Folge sein. Die Auswirkungen können sehr unterschiedlich ausfallen, sind jedoch für den Körper immer im besonderen Maße gefährlich, da sein eigener Heilmechanismus gestört ist.

Hier wird deutlich, dass man seine Einkäufe nicht hektisch erledigen darf, sondern sich die notwendige Zeit für einen auf das innere Gefühl ausgerichteten Einkauf nehmen sollte. So kann die innere Warnung der geistigen Helfer deutlicher verstanden werden, wenn Nahrungsmittel so belastet sind, dass sie dem Körper schaden könnten.

Auch sollte man nicht hungrig einkaufen gehen, da sich in den Lebensmittelabteilungen viele Wesen und wabenförmige Energiefelder aufhalten, die unter anderem auf Gier und Fresssucht ausgerichtet sind und einen hungrigen Einkäufer leichter beeinflussen können als einen normalen.

Um Lebensmittel intuitiv einzukaufen, sollte man kurz vor dem Stand oder dem Regal stehen bleiben und in die Energie der Nahrungsmittel hineinfühlen. Fühlt man sich gut, bleibt die Magengegend entkrampft und bekommt man Appetit auf die Ware? Durch die Bemühung, diese Gefühle wahrnehmen zu wollen, wird mit der Zeit ein immer stärker werdendes Netz aufgebaut, welches sich dann immer schneller und konkreter auf die Lebensmittel einstellen kann und über die innere Stimme, die Intuition, vermittelt, wie es um die jeweilige Vitalitätskraft steht. Mit der Zeit wird man klar erkennen, was für einen selbst gut ist und was nicht. Es ist mit Sicherheit das Beste, immer biologische und gesunde Ware einzukaufen, doch weist der Körper eine gewisse Toleranz auf, wenn man zwischendurch einmal etwas zu sich nimmt, was offenbar nicht sehr gesund ist. Fühlt die Intelligenz des Körpers, dass auf sie geachtet wird und sie dem Menschen etwas bedeutet, ist sie auch bereit und fähig, einmal etwas auszugleichen, was nicht so gesund ist. Einen Dank an diese Körperintelligenz zu richten, kann wunderschöne Energien entfalten.

Nicht selten kommt man nach dem Einkauf, vollgepackt mit seinen Lebensmitteln, zu Hause in der Küche an und ist erst einmal 'geschafft' vom Einkaufsstress. Jetzt wäre es hilfreich, einfach alles abzustellen und wieder zur Ruhe zu finden. Man kann einige Male tief und ruhig einatmen, sich seine Blumen anschauen oder vielleicht einfach kurze Zeit aus dem Fenster blicken, um etwas Abstand zu gewinnen. Wenn man zu etwas Abstand aufgebaut hat, kann man es besser sehen und energetisch besser damit umgehen. Das bedeutet, dass störende Energieströme den Menschen nicht in Unruhe halten, sondern dass er nun aus innerer Ruhe heraus die Störung zu beseitigen vermag.

Wenn man dann mit dem Einräumen beginnt, kommt man mit frischer Kraft zurück und kann die unruhigen Energieströme, die man aus den Geschäften mitbringt, reinigen und auf die Hausenergie einstellen. Es ist nicht zu vermeiden, dass die Lebensmittel durch die Fahrt gerüttelt und durch die vielen fremden Energien, die sie bis zum Verkauf durchwandert haben und in denen sie gelagert wurden, behaftet sind. Hier ist es sehr empfehlenswert, den gesamten Einkauf liebevoll noch einmal anzusehen und die Energien zu verwandeln. Das bedeutet, Liebe und Dankbarkeit zu fühlen und disharmonische Energien in harmonische zu transformieren. Auch hier hilft die Christus-Kraft. Wenn man sie aus dem Herzen um Unterstützung bittet, wird alles von ihr verwandelt werden. Man merkt fast augenblicklich, dass sich die Lebensmittel leichter und freier einräumen lassen. Das menschliche Energiesystem versucht Energiemängel im Umfeld immer auszugleichen. Wird das niedrige Energieniveau des Lebensmittels von der Christus-Kraft gestärkt, muss der Mangel nicht durch das menschliche System ausgeglichen werden und man fühlt sich sofort besser. So erfüllt man die Küche und die Speisekammer mit einer höheren Vitalität, welche später auf den Menschen zurückwirken wird.

Es lässt sich schwerlich vermeiden, dass der Mensch nach langen Einkäufen energetisch verbraucht ist und sich viele fremde Emotionen und Gedankenformen an ihn geheftet haben. Deshalb ist es sehr vorteilhaft, sich selbst gleich mit zu harmonisieren und von allem Fremden zu befreien.

Auch beim Wachstum der Pflanzen wird deutlich, wie eng der Mensch energetisch mit Mutter Natur verbunden ist. So hat man schon häufig beobachtet, dass im Garten von Menschen plötzlich ganz bestimmte wilde Kräuter und Gräser wuchsen, die vorher noch nicht vorhanden waren. Es stellte sich mehrmals heraus, dass für eine Schwäche im Energiesystem des Menschen, der den Garten betreute oder bewohnte, genau das richtige Pflänzchen gewachsen war, das den Mangel wieder ausglich. Zeigt sich hier nicht eine unglaubliche Hingabe der Natur an den Menschen? So kann man also etwas über sich selbst erfahren, wenn man in seinem Garten nachschaut, die Signatur der Pflanzen entziffert und über ihre Wirkung nachliest.

Die Erfahrung hat gezeigt, wie wichtig eine Kost aus der jeweiligen Region für den Menschen ist. Diese Pflanzen sind auf das jeweilige Energiesystem der darin lebenden Menschen ausgerichtet, gleichen seine Schwingungen aus und versorgen ihn mit allem Notwendigen. Auch der Körper ist genau auf diese Kost eingestellt und kann sie am besten vertragen. Nach Umzügen verändert sich die Energiestruktur des Menschen entsprechend der Region, in der er jetzt lebt. Eine intensive Verbindung zu den Wesen der neuen Lebenswelt aufzubauen, kann sich daher als überaus hilfreich erweisen.

Man kann selbst erleben, wie vorzüglich etwa bestimmte Weine in Italien schmecken, an *ihrem Ort* und in der speziellen Stimmung des Augenblicks. Bringt man sie nach Hause, schmecken sie plötzlich gar nicht mehr so gut.

Auch Südfrüchte, direkt in der Karibik gegessen, schmecken so fruchtig und süß, dass dieser Geschmack nie mitgenommen werden kann. Dies hängt nicht nur damit zusammen, dass transportierte Südfrüchte weniger Sonne erfahren haben, es fehlt die entsprechende Landes-Energie und die übergeordneten Schwingungen der jeweiligen feinstofflichen Wesenheiten. Diese Energien sind ebenfalls eng mit den herrschenden Temperaturen verknüpft, mit dem Erdmagnetfeld und der Bodenbeschaffenheit.

Jeder Kontinent, jedes Land und jede Region hat sein eigenes übergeordnetes Energiefeld, und der Garten eines Menschen befindet sich mit seiner individuellen Ausstrahlung innerhalb dieser Schwingung. Dies vermittelt ein kleines Bild davon, wie vielschichtig die aurischen Bilder einer Region sind, da stets spezielle Wesenheiten den Kontinenten, den Ländern, Gemeinden, Regionen oder Orten zugeordnet sind. So ist es auch für manche Pflanzen nicht sehr angenehm, plötzlich in einem völlig fremden Energiefeld angebaut zu werden. Sie werden von ihrer Länderenergie nicht gespeist und müssen manchmal ein trauriges Dasein fristen.

Auch exotische Tiere, die fern ihrer Heimat gehalten werden, müssen nicht nur aufgrund der kühleren Temperatur in Deutschland frieren, sondern sie sind auch abgetrennt von den Schwingungen ihrer Heimat, den dortigen Pflanzen-Wesen und von der energetischen Nähe ihrer Artgenossen, die in ihrer Heimat tief verwurzelt sind mit der Erde.

Es ist interessant, die energetischen Zusammenhänge von Pflanzen und Menschen zu betrachten. So zeigt sich etwa bei bestimmten Algenarten, die fast unverändert in ihrer Urform vorhanden sind und auf einem ganz anderen Kontinent geerntet werden, dass sie auch bei einem Europäer bestimmte Strukturen, die vermutlich seit sehr langer Zeit bestehen, in Harmonie bringen können. Es sind entsprechend ihres entwicklungsgeschichtlichen Alters tiefgreifende, uralte Ordnungskräfte vorhanden, die in den Kern der körperlichen Wachstumsenergie eingreifen und dort helfen können, Disharmonien zu beseitigen.

Auch reines Salz ist für den Europäer ein wertvolles Lebensmittel, selbst wenn es von der anderen Seite der Erdkugel eingeführt wird. Es scheint, je ursächlicher und älter die Substanz ist, desto nachhaltiger kann sie in die Anfangs-Strukturen des Menschen eingreifen.

Nimmt man jedoch bestimmte Züchtungen von exotischen Südfrüchten, so kann man bereits beim ersten Bissen die energetische Verwirrung im Mundraum erkennen. Die energetischen Verbindungen sind so fremdartig für das europäische System, dass diese energetisch abgelehnt werden. Sofort zieht sich auch das Solarplexus-Chakra zusammen, da es sich vor der fremden Schwingung schützen will. Isst man sie dennoch, da es gerade „in" ist oder man nicht nach innen gespürt hat, kann dies manchmal schnell zu Magenschmerzen und einer schlechten Verdauung führen. So wird das Verdauungssystem überfordert, und nicht selten werden die ungewohnten Schlacken, auch die feinstofflichen, in Muskeln und Gelenken abgelagert. Deshalb sollte man vor dem Essen immer den Körper fragen, ob er die Frucht oder das jeweilige Essen auch möchte.

Die Überforderung des Verdauungssystems geschieht meist dann, wenn zu viel, zu fett, zu durcheinander, zu viel Eiweiß oder zu spät am Abend gegessen wird. Leider hat sich ungesundes Essen wie ein Lauffeuer verbreitet, dass schwer gelöscht werden kann. In der Medizin geht man davon aus, dass die so genannten Zivilisationskrankheiten zum einen durch den genetischen Einfluss, aber hauptsächlich durch die Abkehr von einer gesunden Lebensführung ausgelöst werden, von der die Ernährung einen entscheidenden Anteil ausmacht. Ist die Ernährung beispielsweise zu stark auf eine verstärkt säurebildende Nahrung ausgerichtet, können nach einer gewissen Zeit die körperlichen Puffersysteme versagen. Damit die Säure auch weiterhin einigermaßen aus dem Körper transportiert werden kann, werden Mineralien und Spurenelemente aus dem Skelettsystem ausgewaschen, da diese zur Entgiftung benötigt werden. Das hat degenerative Knochenveränderungen, Arthrose und vieles mehr zur Folge.

Während des Kochens zeigt sich in der aurischen Ausstrahlung des Essens ein sehr schöner Aspekt. Wird die Speise mit Liebe für die Menschen und Dankbarkeit zum Lebensmittel gekocht, kann sich die Aura um das Doppelte vergrößern. Nicht nur die Liebe der Köchin oder des Kochs erreicht das Essen, im Lebensmittel selbst werden durch diese Liebe feinstoffliche Essenzen freigegeben und gespalten, welche die höheren feinstofflichen Körper im Menschen ernähren. Obwohl eine Vielfalt von Nahrungsmitteln auf dem Markt angeboten wird, leiden doch manche Menschen an feinstofflicher Unterernährung. So kann ein gesundes Essen, in Liebe gekocht, nicht nur den materiellen Körper ernähren, sondern er stärkt auch das menschliche Vitalfeld, den Ätherkörper, ebenso wie den Emotional- und den Mentalkörper, da der geistige und emotionale Hintergrund der Pflanze als heilende und nährende Kraft auf den Menschen übergehen kann. So ist die Liebe neben der Gabe der Pflanze ein wichtiger Bestandteil in der Nahrung: „Liebe geht durch den Magen!"

Wird in einer Umgebung voller Spannung, Stress und Unbehagen gekocht, können sich die höheren Essenzen der Lebensmittel nicht entfalten.

Bestellt man in einem Restaurant ein Essen, welches der Koch im Zorn und mit den fortwährenden Gedanken an den Streit mit seinem Chef zugerichtet hat, werden zwangsläufig dieser Zorn und die Gedanken des Streits im Essen hängen. Diese Gedanken und Gefühle wollen sich nach ihrem inneren Auftrag verwirklichen und verursachen nicht selten beim Gast und seiner Familie einen Streit. Ganz abgesehen davon, dass das Essen dem Energiefeld nicht bekommt und Störungen der Verdauung und des Wohlbefindens eintreten.

Hier ist es unerlässlich, das Essen durch ein Gebet zu segnen und es den höheren Kräften zu übergeben, damit alles Fremde gereinigt werde und mit dem Dank an den Schöpfer und die Pflanze sich alle ihre Essenzen entfalten können.

Tritt ein Fall von derart 'verunreinigtem' Essen ein und man vergisst das Gebet, kann man, sobald das Gebet nachgeholt wurde, deutlich wahrnehmen, dass sogar das Essen besser schmeckt.

Unsere Mitbewohner auf diesem Planeten, die Tiere, aus deren Reich sich auch unsere Körper entwickelt haben, sind, je nach ihrer Art, fähig, tiefe Gefühle zu empfinden. So manche Tiere haben eine ausgezeichnete Intuition und entwickeln auch füreinander Emotionen. Haustiere wie Rinder, Schweine oder Lämmer entwickeln ein soziales Verhalten und können bereits intensiv fühlen. So mancher Schweinezüchter hat berichtet, dass seine Schweine immer schon einen Tag vor dem Abtransport zum Schlachthof extrem angespannt waren und fühlten, dass etwas auf sie zukam. Im Schlachthof selbst wird mit den Tieren nicht sehr liebevoll umgegangen, und der Todesschock mit seinen intensiven Auswirkungen wird über die Hormone auch in das Fleisch ausgeschüttet. So sind in den Hormonen die Gefühle von Angst und Schock enthalten, die wiederum auf den Menschen wirken. Mühsam muss das menschliche System dies abtragen und überwinden. Es geht dem Menschen nicht gut, doch er weiß nicht warum.

Beim Schwein macht sich ein weiterer Faktor bemerkbar. Das Schwein ist ein Allesfresser, und es sind sogar Fälle bekannt, in denen die eigenen Jungtiere gefressen wurden. Auch scheint keine innere Schranke vorhanden zu sein für die blutüberströmten, eitrigen, stinkenden Verbandsreste der Verwundeten in Kriegszeiten. Auch diese Schweine wurden gegessen, und es wurden so teilweise schwere, ansteckende Krankheiten wieder übertragen. Außerdem verdirbt Schweinefleisch schneller als das anderer Tiere. Die lebenserhaltenden Essenzen weichen extrem schnell aus der Körperform, und das Fleisch beginnt somit schneller zu verwesen. So erschien es in den warmen Ländern mehr als sinnvoll, das Essen von Schweinefleisch bereits in frühen Zeiten zu verbieten.

In der Aura kann man bei Menschen, die sehr viel Fleisch essen, deutlich sehen, wie sich Farben und Energieballungen bilden, die auf Instinkte wie den Jagdtrieb, sexuelle Begierde und Aggression schließen lassen. Durch jeden Fleischverzehr werden auch emotionale Strukturen der Tiere aufgenommen, die sich in der Folge über den Menschen ausleben werden. Würde sich ein Mensch ausschließlich vom Fleisch eines bestimmten Tieres ernähren, würde er auch körperlich mit der Zeit Merkmale dieses Tieres annehmen. Immer mehr wird das menschliche Energiefeld von den tierischen Aspekten überlagert, inklusive aller Triebe und Instinkte.

Der Fisch wiederum lebt schon seit Millionen von Jahren fast unverändert auf diesem Planeten. Er scheint eine wichtige Entwicklungsstufe darzustellen, die in ihrer Urform erhalten bleiben soll. Vielleicht hat Jesus Christus zu Lebzeiten den Fisch deshalb als Speise gereicht, damit der Mensch ihn durch die Liebe beim Essen geistig erhöhen kann.

Das Fleischessen sollte jedem Menschen selbst überlassen werden. Werden jedoch Tiere verzehrt, sollte darauf geachtet werden, dass diese artgerecht gehalten werden. Bei Fleischbedarf kann auch auf Geflügel vom Bauernhof oder Fisch übergegangen werden. Man sollte sich auch dafür aussprechen, dass die Massentierhaltung nicht mehr gefördert wird.

Viele Dinge, die auf diesem Planeten geschehen und leider immer mit sehr viel Leid verbunden sind, enthalten oftmals Hinweise für die ganze Menschheit. So sollten die Tierseuchen aus jüngster Zeit deutliche Hinweise darstellen, dass dringend eine Veränderung stattfinden muss, ansonsten wird diese Problematik eskalieren. Ganz abgesehen von der Tierhaltung und den Tiertransporten.

So kann es durchaus geschehen, wenn sich im Menschen ein Bewusstwerdungsprozess ereignet hat, dass bestimmte körperliche Bereiche vor den neuen Energien zurückschrecken und sich vor einem Neubeginn ängstigen. Nicht selten versuchen diese Teilbereiche dann, sich verstärkt an den Planetenenergien fest zu halten und sich zu erden. Es überkommt diesen Menschen dann ein starkes Bedürfnis nach Fleisch und deftiger Nahrung. Wird diesem Bedürfnis anfänglich nachgegeben, kann sich dieser Bereich wieder harmonisieren, ausrichten und so allmählich friedlich überwunden werden.

Berücksichtigt man die Vorgänge im Schlachthof, darf nicht vergessen werden, dass über jede Fleischaufnahme auch die inneren Wesensbestandteile des Tieres aufgenommen werden. So wird nicht nur die Enge der vielleicht jahrelangen Gefangenschaft als negatives Gefühl aufgenommen, welches das Energiefeld schwächt, sondern auch die jeweiligen inneren Wesensmerkmale der verschiedenen Tierarten. Auch der Fortpflanzungstrieb wird durch Fleisch entsprechend angeregt und versucht sich auszuleben. Bestimmte Emotionen treten auf, weil über die Fleischnahrung Fremdenergien in den Körper gelangt sind.

Eine Aufnahme von Fremdenergien und Blockaden kann sich allerdings auch beim Verzehr von Pflanzen ereignen. Werden die Pflanzen mit chemischen Düngemitteln und Pestiziden behandelt, verursacht diese unnatürliche Zugabe eine energetische Verwirrung im Energiefeld der Pflanzen. Die Blockade bleibt an der Pflanze hängen und wird auf den Menschen übertragen. Mühsam versucht der Darm diese Bestandteile zu verdauen, was meist nicht gelingt, sondern zu Ablagerungen und Verdauungsstörungen führt und mit der Zeit nicht selten Nährboden wird für Pilze und Schmarotzer, die sich in diesen Energiefeldern zu Hause fühlen.

Insgesamt nimmt der Trend zu einer gesünderen Ernährung immer mehr zu, was aber auch die Entscheidung schwer macht, sich für eine bestimmte Ernährungsart oder Diät zu entscheiden.

Hier sollte immer das eigene Gefühl entscheiden. Nach Lektüre und dem Studium von Informationen sollte man sich ruhig hinsetzen, einige Male tief durchatmen und erspüren, wie man sich in Verbindung mit den Energien einer bestimmten Ernährungsweise fühlt. So kann die Entscheidung einmal auf eine bestimmte Kur fallen und ein anderes Mal auf eine spezielle Kost. Man sollte immer auf seine ganz persönlichen Gefühle achten, auf die Intuition, die den Menschen niemals in die Irre führt. Sie zeigt immer den rechten Weg, auch wenn er über Hindernisse führt.

Im Ernährungsbereich hat sich inzwischen vielfach ein regelrechter Kult entwickelt, der an starren Mustern festhält und keine Abweichung zulässt. Um sich energetisch frei zu halten, ist es am sinnvollsten, sich diese starren Normen nicht anzueignen. Eine Aussage wie: „Das ist für mich zur Zeit das Beste", erhält innere Freiheit und gibt Raum für Veränderungen. Man wird somit auch von der Feldenergie einer bestimmten Diät nicht eingenommen und unbewusst manipuliert.

Auch wenn mit einer bestimmten Ernährung persönlich gute Erfolge erzielt wurden, ist es nicht sinnvoll, diese anderen Menschen aufzudrängen. Jeder muss seine eigene Richtung finden, man kann wohl Vorschläge geben oder von Erfahrungen berichten, jedoch sollte jeder Mensch selbst entscheiden. Andernfalls übernimmt man sehr schnell eine geistige Verantwortung, und diese erfordert viel Energie. Sie bindet an den Menschen, von dem ja gefordert wird, dass er das Gleiche macht, wie man selbst. Hier sind auch die stillen Forderungen gemeint und der massive emotionale Druck, der manchmal innerhalb von Familien zum Ausdruck kommt, wenn bestimmte Ernährungsformen unbedingt allen aufgezwängt werden sollen. Es kann für Menschen sehr unangenehm werden, besonders wenn sie aus früheren Leben vielleicht noch den Todesschock des Verhungerns aufzuarbeiten haben, wenn man ihnen die gewohnte Nahrung wegnehmen oder verändern will. Eine Umstellung der Nahrung sollte immer aus dem inneren Gefühl erfolgen, damit das gesamte System freundlich auf die Nahrung reagiert und das Lebensmittel das Leben liebevoll erhalten kann.

Manchmal fühlt ein Mensch, dass es jetzt Zeit wird, seine Nahrung umzustellen, vollwertig zu essen, viele Kohlenhydrate, weniger Eiweiß und Fett zu sich zu nehmen, stattdessen zu mehr Rohkost zu greifen. Vielleicht entscheidet er sich auch für die Trennkost. Wichtig ist immer, viel zu trinken. Über den Träger Wasser werden in besonderer Weise körperliche und feinstoffliche Restenergien abgebaut und ausgeschwemmt.

Nach einiger Zeit der Suche werden bestimmte Essenspläne zusammengestellt, und mit viel Freude und Engagement wird etwas Neues begonnen. Man erwartet nun, dass es einem bei solch gesundem Essen sofort viel besser geht, man mehr Energie und Lebensfreude erhält und sich die Verdauung und der gesamte Organismus bessert. Jedoch kann durchaus zuerst ein anderer Effekt eintreten. Da mit der Nahrungsumstellung, die ein äußeres Zeichen einer inneren Veränderung darstellt, ja auch das Bewusstsein verändert worden ist und man sich somit stärker auf die höheren Kräfte und auf die Intuition ausgerichtet hat, wird gerne von den inneren Heilungs- und Führungskräften entschieden, dass zuerst einmal die bestehenden alten Schlacken und Blockaden abgebaut werden müssen. Das kann mitunter sogar zu starken, unangenehmen körperlichen Auswirkungen führen. Jedoch ist es unerlässlich, dass das Energiefeld und der Körper von diesen groben und feinstofflichen Anlagerungen befreit wird. Es betrifft also nicht nur die Körperebene in Form von Gewebe, Organen, Muskeln und Gelenken, sondern auch die feinen feinstofflichen Waben, die sich mit Vorliebe im Darmbereich, in den Muskeln und in den Gelenken festsetzen.

Durch den erhöhten Stoffwechsel und die Muskelbewegungen im Sport werden besonders gut körperliche wie feinstoffliche Schlacken abgebaut, welche die Ursachen vieler Energieblockaden darstellen. Je nach Vorliebe und Intuition können verschiedene Wege eingeschlagen werden.

Wichtig ist immer wieder die Atmung. Tiefes Atmen fördert nicht nur die Verbindung zu lebenserhaltenden geistigen Kräften, sondern als Kohlenmonoxid wird auch Kohlensäure über die Lungen abgeatmet, als Abfallprodukt der Verdauung. Es wird somit der Körper stärker entsäuert. Tiefes Atmen fördert auch das Bewusstsein. Wird immer wieder mit einigen Atemzügen tief in den Unterbauch geatmet, werden gleichzeitig die Verdauungsorgane sanft massiert und angeregt, was sich sehr positiv auf ihre Arbeit auswirken kann. Wird dann noch den Organen für ihre Arbeit gedankt, wird durch die liebevolle Zuwendung deren stete Arbeit nochmals in besonderer Weise gefördert.

Bei der Auswahl von Lebensmitteln hört man manchmal: „Kartoffeln oder Tomaten sind Nachtschattengewächse. Der Mensch braucht Lichtnahrung und sollte solche Pflanzen meiden." Es werden verschiedene Pflanzen bewertet und danach strikt abgelehnt. Doch der Mensch ist mit allem, was lebt, verbunden. Der Mensch hat von allem, was existiert, einen Bruchteil auch in sich. Er würde sich somit selbst von diesen Energien abschneiden. Er urteilt und teilt sich von der Ur-Kraft ab.

Wer kann jedoch entscheiden, welches hohe geistige Wesen vielleicht hinter der Kartoffel steckt? Wer darf einteilen, dass die Nacht schlecht ist? Wer darf sagen: „Pilze wachsen in der Dunkelheit des Waldes, das kann nur Dunkles bedeuten, also sollte man sie nicht essen."

Bei solchen Bewertungen ist höchste Vorsicht geboten. Manche Pflanzen haben einen sehr ursprünglichen Bezug zum Mutterboden und geben ihren Leib mit so viel Liebe, dass sie sich sogar einer fremden Länderschwingung sehr gut anpassen, um durch ihr Vorhandensein den Menschen zu ernähren. Alle essbaren Lebensmittel sind gut und sollten vom Menschen auch so angenommen werden. Selbstverständlich gibt es Zeiten, in denen man bestimmte Lebensmittel nicht vertragen kann oder sie auch einfach nicht mag, da sich die körperlichen Schwingungen daran nicht anzupassen vermögen. Dann ist es sehr wichtig, diese auch nicht zu essen. Man sollte grundsätzlich nie etwas essen, was man nicht mag, da durch die einsetzende Verkrampfung im Solarplexus die Verdauung extrem gestört werden kann. Auch Kinder sollten nicht gezwungen werden, bestimmte Lebensmittel zu essen. Manchmal muss man zwar etwas nachhelfen, aber von einem bestimmten Alter an sind die meisten durchaus bereit, im Bewusstsein für einen gesunden Körper etwa geringe Mengen von Gemüse zu essen. Der Mensch isst sowieso viel zu viel, und kleine Mengen decken durchaus den Energiebedarf.

Bei extremen Reaktionen, wie etwa großem Ekel vor bestimmten Lebensmitteln, steckt zumeist ein Erlebnis aus früheren Inkarnationen dahinter. Vergiftungen waren im Mittelalter keine Seltenheit, und manche Krankheiten sind mit seltsamen Mitteln behandelt worden, die bei einem erneuten Kontakt die Schmerzenergie des alten Lebens wieder in den Vordergrund bringen können.

So hatte eine Frau seit vielen Jahren Schluckbeschwerden, aber nur beim Trinken und extrem verstärkt, wenn das Getränk rot war, wie etwa Tomatensaft, roter Traubensaft, Rotwein oder manche Spirituosen. Essen konnte sie problemlos hinunterschlucken, Getränke nicht. Kein Arzt konnte bei den Untersuchungen eine körperliche Ursache finden. Während ihres intensiven Bemühens, die Gründe herauszufinden, hatte sie einen Traum, an den sie sich am nächsten Morgen noch sehr gut erinnern konnte. Sie sah sich in einer Burg und erhielt von einer Frau, die ihre Schwester zu sein schien, ein erfrischendes rotes Getränk, welches sie auch gerne annahm. Sie erinnerte sich noch, dass sie und ihre Schwester den gleichen Mann haben wollten. Plötzlich begann das im Getränk enthaltene Gift zu wirken, und sie erlitt einen minutenlangen qualvollen Tod mit Schaum vor dem Mund und größten Schmerzen. Dieser Todesschock steckte noch so stark in der Aura und in ihrem Gefühlshaushalt, dass sie bei jedem Schluck, den sie in diesem Leben zu sich nahm, daran erinnert wurde. Die Schluckschmerzen sind durch diese Erkenntnis etwas besser geworden, aber es wird sicher noch eine Weile dauern, bis dieses Ereignis vollständig verarbeitet worden ist.

So lassen sich auch viele allergische Reaktionen auf ein Erlebnis in einem früheren Leben zurückführen.

Ganz besonders kann man seine Intuition bezüglich eines Essens im Restaurant schulen. Da alle Menschen über die so genannten morphogenetischen Felder miteinander verbunden sind und man sich im Restaurant inmitten des jeweiligen Feldes der Gaststätte oder des Hotels befindet, ist es gar nicht so schwer, emotional und geistig mit den Schwingungen der jeweiligen Speisen Kontakt aufzunehmen. Versucht man, die eigenen Vorstellungen möglichst wegzulassen, etwa wie man selbst vielleicht die bestimmte Speise zubereiten würde, und hört tief in sich hinein, wird mit der Zeit ein ganz bestimmtes Gefühl auftauchen, was genau mitteilt, ob eine Speise nützt oder schadet. Auch bei der Wahl von Getränken sollte man immer zuerst den Magen oder Darm fragen, wie sie sich fühlen, wenn sie die entsprechenden Getränke bekommen würden. Die Kommunikation wird mit der Zeit immer intensiver und schneller. Wichtig ist auch hier ein ruhiges und tiefes Atmen und innere Ruhe. Das persönliche Energiefeld bedarf großer Wertschätzung. Es ist segensreich, darauf zu achten.

Auch zu Hause sollte man sich von seiner Intuition leiten lassen. Da eine Mutter beispielsweise für mehrere Personen kocht, kann sie nicht nur auf ihre eigenen Bedürfnisse achten. Wenn ein tiefer Wunsch vorhanden ist, alle Bedürfnisse einzuschließen, wird mit Zuwendung und Liebe das Richtige gefunden werden.

Der erste Bissen ist für die Verdauung ein entscheidender Schritt. Hier wird den Verdauungsdrüsen bereits angezeigt, welche Säure-Basen-Mischung zur Verdauung benötigt wird. Auch findet im Mund bereits die Vorstufe zur Kohlenhydratverdauung statt, die Amylase. Es sollte immer gut gekaut werden, damit die Nahrung sorgfältig zerkleinert in den Magen gelangt. Auch findet in der Mundschleimhaut die Aufnahme vieler ätherischer Bestandteile statt. Es werden also im Mund bereits viele feinstoffliche Essenzen aufgenommen. Deshalb werden viele Tropfen oder Globuli in der Naturheilkunde lange im Mund behalten, um eine Aufnahme der höheren Potenzen zu garantieren. Die Eiweißverdauung, bei der sehr viel Magensäure benötigt wird, findet dann im Magen und die Fettaufspaltung im Dünndarm statt.

Um ein ruhiges Essen zu gewährleisten, ist es sinnvoll, alle benötigten Gegenstände gleich zu Beginn auf den Tisch zu legen, damit man nicht während des Essens dauernd aufspringen muss. Je ruhiger eine Mahlzeit abläuft, umso intensiver kann sich der Körper auf die Energie der Nahrungsaufnahme konzentrieren und wird auch genau mitteilen, wann er gesättigt ist. Der Körper antwortet immer, nur hört der Mensch nicht zu. Nun kann man einwenden, dass es schön ist, sich am Tisch zu unterhalten, weil man sonst keine Zeit hat. Doch hier zeigt sich eher der Umstand, dass man sich vielleicht mehr Zeit füreinander einräumen sollte. Wird bei Geschäftsessen beispielsweise über die bestehenden Probleme der Firma weiter diskutiert, werden die ganzen Energien dieser Probleme und Blockaden sowie die persönlichen Gefühle mit hinuntergeschluckt, gelangen in den Magen und müssen vom persönlichen System mühsam verarbeitet werden. Das Gefühlszentrum, der Solarplexus, zieht sich krampfhaft zusammen, die Verdauungsdrüsen werden gestört und die Verdauung wird beschwerlich. Nach solch einem Essen fühlt man sich beladen und schwer. Ist man so im Stress, dass man es sich nicht einmal erlaubt, diese Gefühle wahrzunehmen, müssen sie zu einem späteren Zeitpunkt verarbeitet werden. Die Stress-Symptomatik, das Manager-Syndrom und vieles mehr werden so verstärkt.

Nach Möglichkeit sollte man auch während eines Essens nicht in negativen Gedanken oder Problemen verweilen. Dieser mentale Stress wird ebenfalls mitgegessen, und man kann unter Anspannung die Hinweise seines Körpers nur schwer wahrnehmen.

Ein energetisch wichtiger Aspekt des Miteinanders ist der gemeinsame Essensbeginn. Natürlich lassen sich manche Situationen nicht vermeiden, jedoch sollte nach Möglichkeit so lange gewartet werden, bis alle Gäste oder Familienmitglieder am Tisch sitzen. Es ist frustrierend für manche Mütter, die stundenlang in der Küche standen und für das Essen gearbeitet haben, wenn die Kinder sich an den Tisch setzen und beginnen, ohne dass der Mutter durch das Warten angezeigt wird, dass man sie für die Arbeit respektiert und sie auch beim Essen dabei haben möchte. Dann regierte nicht die Gier auf das Essen und die Schlacht um den besten Happen, sondern das Miteinander, was sich sehr positiv auf die Harmonie und die Verdauung auswirken würde. Genau so schnell wie an einem Buffet das Gefühl auftauchen kann, wenn man sich nicht beeile, bekäme man nichts mehr, können gierige Teile am heimischen Tisch wirken und sich gegen die eigenen Familienmitglieder richten. Es liegt in der Natur des Menschen, aufgrund der tierischen Vergangenheit der Körperform, die lange mit dem Jagdtrieb verbunden war, dass immer wieder Gefühle auftauchen wie: „Ich komme zu kurz. Ich verhungere. Die anderen lassen nichts mehr übrig." Wenn man aber miteinander beginnt und gemeinsam ausgerichtet ist, tauchen diese alten Strukturen selten bis gar nicht auf.

Ein gemeinsames Gebet erhöht in besonderer Weise die feinstofflichen Essenzen und macht die wertvollen Spaltungen der Nahrungsbaustoffe möglich. Man hat festgestellt, dass Schadstoffe, die sich eventuell noch in der Nahrung befinden, von einem Gebet weitgehend neutralisiert werden können und der Körper sie nicht aufspeichert. Isst man möglichst ruhig und ohne Hektik, wirkt sich dies besonders positiv auf die Nahrungsaufnahme aus. Durch die Ruhe, die innere Ausrichtung im Gebet und die liebevolle Energie der Speisen kann eine Energieaufnahme und Aktivierung auf allen Ebenen stattfinden, im Erden-, im Astral- und im Mentalkörper. So werden die höheren Bedürfnisse erfüllt und manche Gefühle von Einsamkeit oder Verlassensein auf diesem Planeten können sich lindern, je liebevoller man mit den Schwingungen dieses Planeten harmoniert.

Je intensiver die Nahrungsmittel aufgespalten werden, umso weniger Hunger wird der Körper mit der Zeit anzeigen, da der Mensch meist zu viel isst.

Es ist sinnvoll, dann mit dem Essen aufzuhören, wenn der Körper anzeigt, dass er gesättigt ist. So wird es wichtig, dass Muster wie: „Man muss immer alles aufessen!" aufgelöst werden. Auch hier sollte die Intuition die Entscheidung übernehmen. Eventuelle Reste können bei Bedarf liebevoll in den Kompost gegeben werden, mit Dank und Respekt, dass die Nahrung sich für uns gegeben hat, wir aber nicht alles aufessen konnten. Auch den Pflanzenwesen ist unser Wohlergehen wichtig, und sie werden dies im rechten Maße akzeptieren.

Positiv ist es auch, gemeinsam das Essen zu beenden. Es wird sicher nicht jeder am Tisch zur gleichen Zeit fertig sein, aber man kann ihn gemeinsam verlassen.

Wird bei einer Feier mit einem Getränk angestoßen, bei einer Taufe vielleicht, mit der inneren Dankbarkeit für einen gesunden Erdenbürger und auf das Wohlergehen von Mutter und Kind, sieht man ganz deutlich, wie sich in diesem Moment Schutzenergien verstärken, sich gemeinsam potenzieren und Richtung Mutter und Kind bewegen. Ein gemeinsames Gebet oder das symbolhafte gemeinsame Anstoßen fördert augenblicklich das Bewusstsein und verstärkt den Wunsch, der dahinter steckt. So können Menschen in gemeinsamer Hingabe und Ausrichtung etwas für andere tun.

Zu manchen Anlässen im Leben wird ein ganz besonderes Essen gekocht oder man geht gemeinsam in ein außergewöhnliches Lokal. Verspürt man dann sehr viel Dankbarkeit für das erhaltene

Essen, kann diese Dankbarkeit und das Wissen um diese Gnade auf geistiger Ebene an andere Menschen und Wesen weitergegeben werden. Der Mensch kann damit sicher keine Mägen in der Dritten Welt füllen, jedoch kann auf geistiger Ebene sehr viel positive Energie abgegeben werden.

Grundsätzlich kann mit Freude und mit Dankbarkeit nicht nur nach einem guten Essen auf folgende Weise umgegangen werden.

Man fühlt dieses wundervolle Gefühl und bittet die geistige Führung, dieses Übermaß an Glück an bedürftige Mitmenschen oder Tiere weiterzugeben. Wie diese Gabe in Liebe weitergegeben wird, weiß die geistige Führung am besten, auch wie diese inspirierende Energie optimal eingesetzt werden kann. Würde man sie mit vielen Worten und lautem Gehabe an die Außenwelt abgeben, käme schnell Neid auf oder die Energie selbst verpuffte. Wer Liebe gibt, wird Liebe ernten, aber es sollte im rechten Sinne geschehen. So kann natürlich ganz gezielt an bestimmte Personen oder Situationen im Gebet Liebe gegeben werden, jedoch gibt es Energieebenen und jenseitige Sphären, in denen sich so arme Seelen befinden, dass sie unglaublich dankbar sind, wenn ihnen durch die Helfer eine solch Energie zufließt. Man wird zu Tränen gerührt, wenn man dies erschauen darf. Als Mensch hat man in diese Existenzebenen noch keinen Zutritt, doch die jenseitigen Helfer leiten alles in die Wege.

Sehr oft erlebt man, dass Menschen immer wieder einen Heißhunger auf Süßigkeiten haben oder jeden Tag nach jedem Essen etwas Süßes möchten. Ganz besonders zeigt sich dies nach einem arbeitsreichen Tag am Abend, vielleicht vor dem Fernseher, wo man sich etwas Gutes tun möchte, um sich das Gefühl zu geben, man gönnt sich etwas. Neben den hormonellen Faktoren bei Frauen spielt hier oft ein bestimmter Mangel an Mineralien und Spurenelementen eine Rolle, die man mit vollwertiger Nahrung teilweise in den Griff bekommt. Auch werden durch manche Süßwaren Glückshormone ausgeschüttet.

Ein häufiger Grund ist jedoch die Verlagerung von „Sich-Liebe-Geben" auf „Süßigkeiten naschen". Es ist die Verlagerung eines Bedürfnisses, welches mit Süßigkeiten kurzfristig gestillt werden möchte. Vielleicht kann bereits das Bewusstsein, dass es so ist, weiterhelfen und man kann an sich arbeiten, um wenigstens den Konsum einzuschränken. Manchmal jedoch zieht sich auf der Gefühlsebene die Durststrecke, die diesen Süßigkeitenverzehr ausgelöst hat, über mehrere Jahre hin. Dann wird die Umstellung bereits etwas schwieriger. Manchmal haben sich die lieblosen und schwierigen Lebensumstände sogar gänzlich ins Positive verändert, aber den inneren, betroffenen Teil hat dies noch nicht erreicht. Dann kann man in bewussten Gesprächen mit diesen Teilbereichen seiner Persönlichkeit den Umstand erklären, dass sie jetzt eigentlich loslassen könnten. Mit der Zeit wird dies sicherlich gelingen und der Zuckerkonsum kann sich verringern. Mit der notwendigen Liebe wird der Körper bestimmte Veränderungen gut tolerieren können.

Jeder sollte sich wirklich bewusst sein, dass dieser innere Dialog tiefgreifende Auswirkungen auf Körper und Seele zeitigt.

Wenn der Mensch seine tägliche Nahrung immer stärker auf höhere Werte ausrichtet und in Liebe und Dankbarkeit seine Lebensmittel zu sich nimmt, verbindet er sich in besonderem Maße mit Mutter Erde. In Verbindung mit dem Prinzip der göttlichen Mutter und dem göttlichen Vater kann er in der derzeitigen globalen Situation geistig geführt und aus den höheren Ebenen inspiriert werden.

So ist die Ernährung nicht allein für ein harmonisches Leben verantwortlich, doch kann auch sie einen Betrag dazu leisten, den Menschen einen bewussten Umgang mit allen geistigen Kräften zu vermitteln. Dies sollte stets in tiefer Dankbarkeit und mit Hochachtung vor allem Leben erfolgen.

Möge die höchste Liebe alles durchdringen.

ENERGIEFELDER,
wie sie unser Leben beeinflussen

Manuela Oetinger
Die Aura – Das Tor zur Seele
Pbk., 220 Seiten,
ISBN 3-89427-229-5

Der Mensch wird in jedem Augenblick seines Lebens von zahlreichen Gedankenformen, Energiefeldern und Wesenheiten umgeben. Sie alle üben mehr oder weniger starke Einflüsse auf sein Denken und Fühlen aus, jeweils abhängig von seinem individuellen Karma und seiner geistigen Reife. Wer diese Einflüsse nicht erkennt, unterliegt zweifelsohne in einem erheblichen Grad einer Fremdbestimmung.

Manuela Oetinger zeigt in ihrer faszinierenden Studie in allen Einzelheiten auf, wie das Fühlen und Denken des Menschen Kräfte und Energien freisetzt, die wieder auf ihn zurückwirken – nach kurzer Zeit oder möglicherweise erst nach mehreren Erdenleben. Diese geistigen Felder finden mit unfassbarer Präzision zu ihren Erzeugern zurück und müssen von diesen bearbeitet und letztlich erlöst werden. So wie der Mensch Begabungen und Talente erworben hat, muss er sich auch mit seinen Schwächen, Süchten und schlechten Neigungen auseinander setzen.

Manuela Oetinger
**Die Aura –
Die Energiefelder des Menschen**
Pbk., 190 Seiten,
ISBN 3-89427-173-6

Nach der Lektüre dieses Buches wird die Macht der Gedanken und die Auswirkung der Gefühle mit neuen Augen betrachtet werden müssen. Ein wegweisendes Buch zum Verständnis von geistigen Energiefeldern und unsichtbaren Kräften!